大方廣佛華嚴經第三十二卷變相

入法界品之十二

大方廣佛華嚴經

일러두기

1. 『대방광불화엄경 강설』 원문原文의 저본底本은 근세에 교정이 가장 잘 되었다고 정평이 나 있는 대만臺灣의 불타교육기금회佛陀敎育基金會에서 출판한 『화엄경소초華嚴經疏鈔』본입니다.

2. 『대방광불화엄경 강설』은 실차난타實叉難陀가 695년부터 699년까지 4년에 걸쳐 번역해 낸 80권본卷本 『대방광불화엄경』을 우리말로 옮기고 강설을 붙인 것입니다.

3. 『대방광불화엄경』은 애초 산스크리트에서 한역漢譯된 경전이지만 현재 산스크리트 본은 소실된 상태입니다. 산스크리트를 음차한 경우 굳이 원래 소리를 표기하려고 하기보다는 『표준국어대사전』이나 『불교사전』 등에 등재된 한자음을 사용하는 것을 원칙으로 하였습니다.

4. 경문의 한글 번역은 동국역경원본을 참고하여 그대로 또는 첨삭을 하며 의미대로 번역하고 다듬었습니다.

5. 각 품마다 내용에 따라 단락을 나누고 제목을 달았습니다. 단락의 제목은 주로 청량淸凉스님의 견해에 기초하였고 이통현李通玄장자의 견해를 참고로 하였습니다.

6. 『대방광불화엄경 강설』의 발행 순서는 한역 경전의 편재 순서를 기준으로 하였고 각 권은 단행본 한 권씩으로 출간될 예정이며 모두 80권으로 완간됩니다. 다만 80권본에 빠져 있는 「보현행원품」은 80권본 완역 및 강설 후 시리즈에 포함돼 추가될 예정입니다.

7. 『대방광불화엄경 강설』 안에서 불교용어를 풀이한 것은 운허스님이 저술하고 동국역경원에서 편찬한 『불교사전』을 인용하였습니다.

8. 각주의 청량스님의 소疏는 대만에서 입력한 大方廣佛華嚴經 사이트의 것을 사용하였습니다.

9. 『대방광불화엄경 강설』 입법계품에 들어가는 문수지남도는 북송北宋시대 불국佛國 선사가 선재동자가 53명의 선지식을 친견하여 법을 구하는 장면을 하나하나 그림으로 그린 것입니다.

대방광불화엄경 강설
제 71 권

三十九. 입법계품入法界品 12

실차난타實叉難陀 한역
무비스님 강설

서문

최초의 부처님은 법해뇌음광명왕法海雷音光明王이시고

다음의 부처님은 이구법광명離垢法光明이시며

다음의 부처님은 법륜광명계法輪光明髻이시고

다음의 부처님은 법일공덕운法日功德雲이시며

다음의 부처님은 법해묘음왕法海妙音王이었습니다.

또 다음의 부처님은 법일지혜등法日智慧燈이시고

다음의 부처님은 법화당운法華幢雲이시며

다음의 부처님은 법염산당왕法焰山幢王이시고

다음의 부처님은 심심법공덕월甚深法功德月이시며

다음의 부처님은 법지보광장法智普光藏이었습니다.

또 다음의 부처님은 개시보지장開示普智藏이시고

다음의 부처님은 공덕장산왕功德藏山王이시며

다음의 부처님은 보문수미현普門須彌賢이시고

다음의 부처님은 일체법정진당一切法精進幢이시며

다음의 부처님은 법보화공덕운法寶華功德雲이었습니다.

또 다음의 부처님은 적정광명계寂靜光明髻이시고

다음의 부처님은 법광명자비월法光明慈悲月이시며

다음의 부처님은 공덕염해功德焰海이시고

다음의 부처님은 지일보광명智日普光明이시며

다음의 부처님은 보현원만지普賢圓滿智이었습니다.

이와 같이 일백 부처님이 출현하셨고

다시 또 그 후의 미진수 겁 동안에

미진수 부처님이 출현하시었는데

한 분도 빼지 않고 공경하고 공양하며

존중하고 찬탄하며 법문을 듣고

즐겁게 수행하여 해탈을 얻었습니다.

2017년 10월 15일

신라 화엄종찰 금정산 범어사

如天 無比

대방광불화엄경 목차

대방광불화엄경 강설 제71권

三十九. 입법계품入法界品 12

대방광불화엄경 강설

제71권

三十九. 입법계품 12

문수지남도 제36, 선재동자가 적정음해주야신을 친견하다.

36. 적정음해주야신寂靜音海主夜神

제5 난승지難勝地 선지식

1) 적정음해주야신을 뵙고 법을 묻다

이 시   선 재 동 자   어 보 구 중 생 묘 덕 야 신 소
爾時에 善財童子가 於普救衆生妙德夜神所에

문 보 살 보 현 일 체 세 간 조 복 중 생 해 탈 문   요 지
聞菩薩普現一切世間調伏衆生解脫門하고 了知

신 해   자 재 안 주   이 왕 적 정 음 해 야 신 소
信解하며 自在安住하야 而往寂靜音海夜神所하니라

그때에 선재동자는 보구중생묘덕주야신에게서 보살
이 온갖 세간에 널리 나타나서 중생을 조복하는 해탈문
을 듣고는 분명히 알고 믿고 이해하며, 자유자재하게
편안히 머물면서 적정음해주야신의 처소에 갔습니다.

정 례 기 족　　요 무 수 잡　　어 전 합 장　　이 작
頂禮其足하며 繞無數帀하고 於前合掌하야 而作

시 언　　성 자　　아 이 선 발 아 뇩 다 라 삼 먁 삼 보 리
是言호대 聖者여 我已先發阿耨多羅三藐三菩提

심　　아 욕 의 선 지 식　　학 보 살 행　　입 보 살 행
心하고 我欲依善知識하야 學菩薩行하며 入菩薩行

　　수 보 살 행　　주 보 살 행　　유 원 자 애　　위
하며 修菩薩行하며 住菩薩行하노니 唯願慈哀하사 爲

아 선 설　　보 살　　운 하 학 보 살 행　　운 하 수 보
我宣說하소서 菩薩이 云何學菩薩行이며 云何修菩

살 도
薩道리잇고

　　그의 발에 엎드려 절하고 수없이 돌고 앞에서 합장
하고 말하였습니다. "거룩하신 이여, 저는 이미 아뇩다
라삼먁삼보리심을 발하였습니다. 저는 선지식을 의지하
여 보살의 행을 배우고, 보살의 행에 들어가고, 보살의
행을 닦고, 보살의 행에 머물고자 합니다. 오직 바라옵
건대 자비하신 마음으로 가엾이 여기시고, 저를 위하여
보살이 어떻게 보살의 행을 배우며 어떻게 보살의 도를
닦는지를 말씀하여 주십시오."

2) 적정음해주야신이 법을 설하다

(1) 선재동자가 칭찬을 받고 다시 법을 묻다

시 피 야 신   고 선 재 언   선 재 선 재   선 남 자
時彼夜神이 告善財言하사대 善哉善哉라 善男子

여 능 의 선 지 식   구 보 살 행   선 남 자   아
여 汝能依善知識하야 求菩薩行이로다 善男子야 我

득 보 살 염 념 출 생 광 대 희 장 엄 해 탈 문   선 재
得菩薩念念出生廣大喜莊嚴解脫門호라 善財가

언   대 성   차 해 탈 문   위 하 사 업   행 하 경 계
言호대 大聖하 此解脫門이 爲何事業이며 行何境界

기 하 방 편   작 하 관 찰
며 起何方便이며 作何觀察이니잇고

　그때 적정음해주야신이 선재동자에게 말하였습니다.
"선재 선재라. 선남자여, 그대는 능히 선지식을 의지하
여 보살의 행을 구하려 합니다. 선남자여, 저는 보살의
'생각 생각마다 광대한 기쁨을 출생하여 장엄하는 해탈
문[念念出生廣大喜莊嚴解脫門]'을 얻었습니다." 선재동자가 말
하였습니다. "매우 거룩하신 이여, 그 해탈문은 무슨 사
업事業을 지으며, 무슨 경계境界를 행하며, 무슨 방편方便

을 일으키며, 무슨 관찰觀察을 짓습니까?"

  선재동자가 다시 적정음해주야신 선지식을 찾아뵙고 보살의 행에 대해서 물었다. 선지식은 자신이 얻은 법은 '보살의 생각 생각마다 광대한 기쁨을 출생하여 장엄하는 해탈문'이라고 대답하였다. 선재동자는 다시 "그 해탈은 무슨 사업事業을 지으며, 무슨 경계境界를 행하며, 무슨 방편方便을 일으키며, 무슨 관찰觀察을 짓습니까?"라고 물었다. 아래에 이러한 법을 하나하나 밝혀 나간다.

(2) 방편에 대한 답을 설하다

夜神이 言하사대 善男子야 我發起淸淨平等樂欲
야 신   언   선 남 자   아 발 기 청 정 평 등 낙 욕

心하며 我發起離一切世間塵垢淸淨堅固莊嚴不
심   아 발 기 이 일 체 세 간 진 구 청 정 견 고 장 엄 불

可壞樂欲心하며 我發起攀緣不退轉位永不退轉
가 괴 낙 욕 심   아 발 기 반 연 불 퇴 전 위 영 불 퇴 전

심
心하며

주야신이 대답하였습니다. "선남자여, 저는 청정하고 평등한 좋아하는 마음을 내었습니다. 저는 모든 세간의 티끌을 여의고, 청정하고 견고하게 장엄하여 깨뜨릴 수 없는 좋아하는 마음을 내었습니다. 저는 물러나지 않는 자리를 반연하여 영원히 물러나지 아니할 마음을 내었습니다."

선재동자는 적정음해주야신 선지식에게 선지식이 얻은 해탈의 사업과 경계와 방편과 관찰에 대해서 물었다. 먼저 방편에 대한 답을 설하였다. 그 방편이란 보살이 중생을 교화하고 조복하는 데 필요한 온갖 마음가짐이다. 선지식은 그와 같은 온갖 마음가짐을 다 일으켰으므로 '생각 생각마다 광대한 기쁨을 출생하여 장엄하는 해탈문'을 얻었던 것이다.

아 발 기 장 엄 공 덕 보 산 부 동 심　아 발 기 무 주
我發起莊嚴功德寶山不動心하며 **我發起無住**

처 심　아 발 기 보 현 일 체 중 생 전 구 호 심
處心하며 **我發起普現一切衆生前救護心**하며

"저는 공덕의 보배 산을 장엄하는 데 동요함이 없는
마음을 내었습니다. 저는 머무는 곳이 없는 마음을 내
었습니다. 저는 모든 중생의 앞에 두루 나타나서 구호
하는 마음을 내었습니다."

아 발 기 견 일 체 불 해 무 염 족 심　아 발 기 구 일
我發起見一切佛海無厭足心하며 **我發起求一**

체 보 살 청 정 원 력 심　아 발 기 주 대 지 광 명 해 심
切菩薩淸淨願力心하며 **我發起住大智光明海心**

하며

"저는 일체 부처님 바다를 보아 싫어함이 없는 마음
을 내었습니다. 저는 모든 보살의 청정한 서원의 힘을
구하는 마음을 내었습니다. 저는 큰 지혜의 광명 바다
에 머무는 마음을 내었습니다."

아 발 기 영 일 체 중 생 초 과 우 뇌 광 야 심 　　아 발
我發起令一切衆生超過憂惱曠野心하며 我發

기 영 일 체 중 생 사 리 수 우 고 뇌 심 　　아 발 기 영 일
起令一切衆生捨離愁憂苦惱心하며 我發起令一

체 중 생 사 리 불 가 의 색 성 향 미 촉 법 심
切衆生捨離不可意色聲香味觸法心하며

"저는 모든 중생으로 하여금 근심과 고뇌의 벌판을
뛰어넘게 하려는 마음을 내었습니다. 저는 모든 중생으
로 하여금 근심과 괴로움을 여의게 하려는 마음을 내었
습니다. 저는 모든 중생으로 하여금 뜻에 맞지 않는 물
질과 소리와 향기와 맛과 감촉과 법진[法]을 버리게 하
려는 마음을 내었습니다."

아 발 기 영 일 체 중 생 사 리 애 별 리 고 원 증 회 고
我發起令一切衆生捨離愛別離苦怨憎會苦

심 　　아 발 기 영 일 체 중 생 사 리 악 연 우 치 등 고 심
心하며 我發起令一切衆生捨離惡緣愚癡等苦心

아 발 기 여 일 체 험 난 중 생 작 의 호 심
하며 我發起與一切險難衆生作依怙心하며

"저는 모든 중생으로 하여금 사랑하는 이를 이별하는 괴로움과 원수를 만나는 괴로움을 여의게 하려는 마음을 내었습니다. 저는 모든 중생으로 하여금 나쁜 인연과 어리석음 따위의 고통을 여의게 하려는 마음을 내었습니다. 저는 모든 험난한 일을 당하는 중생의 의지처가 되려는 마음을 내었습니다."

아 발 기 영 일 체 중 생 출 생 사 고 처 심　　아 발 기
我發起令一切衆生出生死苦處心하며　我發起

영 일 체 중 생 사 리 생 로 병 사 등 고 심　　아 발 기 영
令一切衆生捨離生老病死等苦心하며　我發起令

일 체 중 생 성 취 여 래 무 상 법 락 심　　아 발 기 영 일
一切衆生成就如來無上法樂心하며　我發起令一

체 중 생 개 수 희 락 심
切衆生皆受喜樂心호라

"저는 모든 중생으로 하여금 생사의 괴로움에서 벗어나게 하려는 마음을 내었습니다. 저는 모든 중생으로 하여금 나고 늙고 병들고 죽는 고통을 여의게 하려는 마음을 내었습니다. 저는 모든 중생으로 하여금 여래의

위없는 법의 즐거움을 성취하게 하려는 마음을 내었습니다. 저는 모든 중생으로 하여금 모두 기쁨을 받게 하려는 마음을 내었습니다."

보살이 일으키는 마음은 순간순간마다 중생을 향한 무한한 사랑과 무한히 어여삐 여기고 불쌍하게 여기는 마음이다. 보살이 이와 같은 마음 외에 달리 무슨 마음을 일으키겠는가.

(3) 사업에 대한 답을 설하다

發是心已하고 復爲說法하야 令其漸至一切智

地하니 所謂若見衆生이 樂着所住宮殿屋宅이면 我

爲說法하야 令其了達諸法自性하야 離諸執着하며

"이러한 마음을 내고는 다시 법을 설하여 그들로 하여금 차츰차츰 일체 지혜의 지위에 이르게 하노니, 이른바 만약 어떤 중생이 자기가 있는 궁전이나 가옥에 애착함을 보면 저는 법을 설하여 그로 하여금 모든 법의 자성을 통달하여 여러 가지 집착을 여의게 합니다."

보살이 하는 사업은 무엇인가. 중생들이 애착하고 집착하고 어리석어서 세속적인 일에 물듦을 보면 그들을 위해 바른 이치의 법을 설하여 그들로 하여금 집착과 어리석음에서 벗어나게 하는 것이다. 아래에는 중생들의 병에 따라 낱낱이 알맞게 대처하는 법을 설하는 것을 밝혔다.

모든 불교인은 이와 같이 진리를 배워서 스스로 진리대로 살고 다른 사람을 위하여 진리를 설해 주어 깨우치게 하여야 한다. 일찍이 부처님이 그렇게 살았고, 보살들이 그렇게 살았고, 조사와 선지식이 모두 그렇게 살았다. 불교가 세상에서 할 일이 곧 그것이기 때문이다. 그러므로 모든 사람에게 진리의 법을 설해 주어 깨우치게 하는 일을 불교의 사업으로 삼아야 한다.

약견중생　연착부모형제자매　아위설법
若見衆生이 戀着父母兄弟姉妹면 我爲說法하야

영 기 득 예 제 불 보 살 청 정 중 회
令其得預諸佛菩薩淸淨衆會하며

"만약 어떤 중생이 부모나 형제나 자매를 그리워함을 보면 저는 법을 설하여 그로 하여금 모든 부처님과 보살의 청정한 모임에 참여하게 합니다."

약 견 중 생　　연 착 처 자　아 위 설 법　　영 기 사
若見衆生이 戀着妻子면 我爲說法하야 令其捨

리생사애염　기대비심　어일체중생　평등
離生死愛染하고 起大悲心하야 於一切衆生에 平等

무 이
無二하며

"만약 어떤 중생이 처자를 그리워함을 보면 저는 법을 설하여 그로 하여금 생사의 애착을 버리고 크게 가엾이 여기는 마음을 내어 모든 중생에게 둘이 없이 평등하게 합니다."

약견중생 주어왕궁   채녀시봉   아위설
若見衆生이 住於王宮하야 婇女侍奉이면 我爲說

법   영기득여중성집회   입여래교
法하야 令其得與衆聖集會하야 入如來教하며

"만약 어떤 중생이 왕궁에 있으면서 채녀들이 받들어 모심을 보면 저는 그에게 법을 설하여 여러 성인聖人이 모이는 데 참여하여 여래의 가르침에 들게 합니다."

약견중생   염착경계   아위설법   영기득
若見衆生이 染着境界면 我爲說法하야 令其得

입여래경계
入如來境界하며

"만약 어떤 중생이 경계에 물듦을 보면 저는 그에게 법을 설하여 여래의 경계에 들어가게 합니다."

약견중생   다진에자   아위설법   영주여
若見衆生이 多瞋恚者면 我爲說法하야 令住如

래 인 바 라 밀
來忍波羅蜜하며

"만약 어떤 중생이 성내는 일이 많음을 보면 저는 그에게 법을 설하여 여래의 참는 바라밀다에 머물게 합니다."

약 견 중 생 　 기 심 해 태 　 아 위 설 법 　 영 득 청
若見衆生이 **其心懈怠**면 **我爲說法**하야 **令得淸**

정 정 진 바 라 밀
淨精進波羅蜜하며

"만약 어떤 중생의 마음이 게으름을 보면 저는 그에게 법을 설하여 청정하게 꾸준히 노력하는 바라밀다를 얻게 합니다."

약 견 중 생 　 기 심 산 란 　 아 위 설 법 　 영 득 여
若見衆生이 **其心散亂**이면 **我爲說法**하야 **令得如**

래 선 바 라 밀
來禪波羅蜜이며

"만약 어떤 중생의 마음이 산란함을 보면 저는 그에게 법을 설하여 여래의 선정바라밀다를 얻게 합니다."

약 견 중 생　　입 견 조 림 무 명 암 장　　아 위 설 법
若見衆生이 入見稠林無明暗障이면 我爲說法

영 득 출 리 조 림 흑 암
하야 令得出離稠林黑暗하며

"만약 어떤 중생이 여러 소견의 숲이나 무명의 캄캄한 데 들어감을 보면 저는 그에게 법을 설하여 어두운 숲속에서 벗어나게 합니다."

약 견 중 생　　무 지 혜 자　　아 위 설 법　　영 득 반
若見衆生이 無智慧者면 我爲說法하야 令得般

야 바 라 밀
若波羅蜜하며

"만약 어떤 중생이 지혜가 없음을 보면 저는 그에게 법을 설하여 반야바라밀다를 얻게 합니다."

약 견 중 생　　　염 착 삼 계　　　아 위 설 법　　　영 출 생
若見衆生이 染着三界면 我爲說法하야 令出生

사
死하며

"만약 어떤 중생이 세 세계에 물듦을 보면 저는 그에게 법을 설하여 생사에서 벗어나게 합니다."

약 견 중 생　　　지 의 하 열　　　아 위 설 법　　　영 기 원
若見衆生이 志意下劣이면 我爲說法하야 令其圓

만 불 보 리 원
滿佛菩提願하며

"만약 어떤 중생이 뜻이 용렬함을 보면 저는 그에게 법을 설하여 부처님의 보리에 대한 서원을 원만케 합니다."

약 견 중 생　　　주 자 리 행　　　아 위 설 법　　　영 기 발
若見衆生이 住自利行이면 我爲說法하야 令其發

기 이 익 일 체 제 중 생 원
起利益一切諸衆生願하며

"만약 어떤 중생이 자기에게만 이롭게 하는 행行에 머무른 것을 보면 저는 그에게 법을 설하여 일체 모든 중생을 이익하게 하려는 소원을 내게 합니다."

약 견 중 생 　 지 력 미 약 　 아 위 설 법 　 영 득 보
若見衆生이 **志力微弱**이면 **我爲說法**하야 **令得菩**

살 역 바 라 밀
薩力波羅蜜하며

"만약 어떤 중생이 뜻과 힘이 미약함을 보면 저는 그에게 법을 설하여 보살의 힘바라밀다를 얻게 합니다."

약 견 중 생 　 우 치 암 심 　 아 위 설 법 　 영 득 보
若見衆生이 **愚癡暗心**이면 **我爲說法**하야 **令得菩**

살 지 바 라 밀
薩智波羅蜜하며

"만약 어떤 중생이 어리석어 마음이 캄캄함을 보면

저는 그에게 법을 설하여 보살의 지혜바라밀다를 얻게
합니다."

약 견 중 생　　색 상 불 구　　아 위 설 법　　　영 득 여
若見衆生이 色相不具면 我爲說法하야 令得如

래 청 정 색 신
來淸淨色身하며

　　"만약 어떤 중생이 신체를 갖추지 못함을 보면 저는
그에게 법을 설하여 여래의 청정한 육신肉身을 얻게 합
니다."

약 견 중 생　　형 용 추 루　　아 위 설 법　　　영 득 무
若見衆生이 形容醜陋면 我爲說法하야 令得無

상 청 정 법 신
上淸淨法身하며

　　"만약 어떤 중생이 얼굴이 누추함을 보면 저는 그에
게 법을 설하여 위없는 청정한 법신法身을 얻게 합니다."

약견중생　색상추악　　아위설법　　영득여
若見衆生이 **色相麤惡**이면 **我爲說法**하야 **令得如**

래미묘색신
來微妙色身하며

"만약 어떤 중생이 모양이 추악함을 보면 저는 그에
게 법을 설하여 여래의 미묘한 육신을 얻게 합니다."

약견중생　정다우뇌　　아위설법　　영득여
若見衆生이 **情多憂惱**면 **我爲說法**하야 **令得如**

래필경안락
來畢竟安樂하며

"만약 어떤 중생이 근심하는 생각이 많음을 보면 저
는 그에게 법을 설하여 여래의 끝까지 안락함을 얻게
합니다."

약견중생　빈궁소고　　아위설법　　영득보
若見衆生이 **貧窮所苦**면 **我爲說法**하야 **令得菩**

살 공 덕 보 장
薩功德寶藏하며

"만약 어떤 중생이 가난에 쪼들림을 보면 저는 그에게 법을 설하여 보살의 공덕인 보배 창고를 얻게 합니다."

약 견 중 생   주 지 원 림   아 위 설 법   영 피 근
若見衆生이 住止園林이면 我爲說法하야 令彼勤

구 불 법 인 연
求佛法因緣하며

"만약 어떤 중생이 동산에 있는 것을 보면 저는 그에게 법을 설하여 불법佛法의 인연을 부지런히 구하게 합니다."

약 견 중 생   행 어 도 로   아 위 설 법   영 기 취
若見衆生이 行於道路면 我爲說法하야 令其趣

향 일 체 지 도
向一切智道하며

"만약 어떤 중생이 길을 가는 것을 보면 저는 그에게 법을 설하여 일체 지혜의 길로 향하게 합니다."

약견중생　재취락중　아위설법　영출삼
若見衆生이 在聚落中이면 我爲說法하야 令出三
계
界하며

"만약 어떤 중생이 마을 가운데 있음을 보면 저는 그에게 법을 설하여 세 세계에서 벗어나게 합니다."

약견중생　주지인간　아위설법　영기초
若見衆生이 住止人間이면 我爲說法하야 令其超
월이승지도　주여래지
越二乘之道하야 住如來地하며

"만약 어떤 중생이 인간에 있는 것을 보면 저는 그에게 법을 설하여 이승二乘의 길에서 초월하여 여래의 지위에 머물게 합니다."

약견중생　거주성곽　아위설법　영기득
若見衆生이 **居住城郭**이면 **我爲說法**하야 **令其得**

주법왕성중
住法王城中하며

"만약 어떤 중생이 성중城中에 사는 것을 보면 저는 그에게 법을 설하여 법왕의 성중에 머물게 합니다."

약견중생　주어사우　아위설법　영득삼
若見衆生이 **住於四隅**면 **我爲說法**하야 **令得三**

세평등지혜
世平等智慧하며

"만약 어떤 중생이 네 간방間方에 있음을 보면 저는 그에게 법을 설하여 세 세상이 평등한 지혜를 얻게 합니다."

약견중생　주어제방　아위설법　영득지
若見衆生이 **住於諸方**이면 **我爲說法**하야 **令得智**

^혜 ^{견 일 체 법}
慧_{하야} **見一切法**_{하며}

"만약 어떤 중생이 여러 방위에 있음을 보면 저는 그에게 법을 설하여 지혜를 얻어 모든 법을 보게 합니다."

^{약 견 중 생} ^{탐 행 다 자} ^{아 위 피 설 부 정 관 문}
若見衆生_이 **貪行多者**_면 **我爲彼說不淨觀門**_{하야}

^{영 기 사 리 생 사 애 염}
令其捨離生死愛染_{하며}

"만약 어떤 중생이 탐심이 많은 이를 보면 저는 그에게 부정不淨을 관觀하는 법문을 설하여 생사에 대한 애착을 버리게 합니다."

^{약 견 중 생} ^{진 행 다 자} ^{아 위 피 설 대 자 관 문}
若見衆生_이 **瞋行多者**_면 **我爲彼說大慈觀門**_{하야}

^{영 기 득 입} ^{근 가 수 습}
令其得入_{하야} **勤加修習**_{하며}

"만약 어떤 중생이 성내는 일이 많음을 보면 저는 그

에게 인자함을 관하는 법문을 설하여 부지런히 닦는 데
들어가게 합니다."

약견중생　치행다자　아위설법　　영득명
若見衆生이 癡行多者면 我爲說法하야 令得明
지　　관제법해
智하야 觀諸法海하며

"만약 어떤 중생이 어리석은 짓을 많이 하는 이를 보
면 저는 그에게 법을 설하여 밝은 지혜를 얻어 모든 법
의 바다를 보게 합니다."

약견중생　등분행자　아위설법　　영기득
若見衆生이 等分行者면 我爲說法하야 令其得
입제승원해
入諸乘願海하며

"만약 어떤 중생이 삼독三毒이 평등한 이를 보면 저는
그에게 법을 설하여 여러 승乘의 소원 바다에 들게 합
니다."

약 견 중 생　　낙 생 사 락　　아 위 설 법　　영 기 염
若見衆生이 樂生死樂이면 我爲說法하야 令其厭

리
離하며

"만약 어떤 중생이 나고 죽는 낙樂을 좋아함을 보면
저는 그에게 법을 설하여 싫어서 떠나게 합니다."

약 견 중 생　　염 생 사 고　　　응 위 여 래 소 화 도 자
若見衆生이 厭生死苦하야 應爲如來所化度者면

아 위 설 법　　영 능 방 편　　　시 현 수 생
我爲說法하야 令能方便으로 示現受生하며

"만약 어떤 중생이 생사의 괴로움을 싫어하여 여래
의 제도를 받을 이를 보면 저는 그에게 법을 설하여 좋
은 방편으로 일부러 태어나게 합니다."

초기불교나 근본불교에서는 무슨 방법을 사용하더라도
적멸열반에 들어서 다시는 생사를 받아 태어나지 않기를 바
란다. 그러나 보살대승불교에서는 법을 설하여 능히 좋은

방편으로 일부러 태어나게 한다. 다시 태어나서 삶과 죽음의 바른 이치를 깨달아 또 다른 중생들을 가르쳐 깨닫게 하는 것이다. 만약 혼자 적멸에 들어서 다시는 이 세상에 오지 않는다면 이곳에 남아 있는 중생들은 어떻게 하라는 말인가. 불교가 그렇게 무책임할 수 있는가.

若見衆生이 愛着五蘊이면 我爲說法하야 令其得
住無依境界하며

"만약 어떤 중생이 오온五蘊에 애착함을 보면 저는 그에게 법을 설하여 의지 없는 경계에 머물게 합니다."

若見衆生이 其心下劣이면 我爲顯示勝莊嚴道
하며

"만약 어떤 중생이 마음이 용렬함을 보면 저는 그에

게 훌륭하게 장엄한 도를 보입니다."

약 견 중 생　심 생 교 만　아 위 기 설 평 등 법 인
若見衆生이 **心生憍慢**이면 **我爲其說平等法忍**
하며

"만약 어떤 중생이 마음이 교만함을 보면 저는 그에게 평등한 법의 지혜를 설합니다."

약 견 중 생　기 심 첨 곡　아 위 기 설 보 살 직 심
若見衆生이 **其心諂曲**이면 **我爲其說菩薩直心**
호라

"만약 어떤 중생이 마음이 곧지 못함을 보면 저는 그에게 보살의 곧은 마음을 설합니다."

선 남 자　아 이 차 등 무 량 법 시　섭 제 중 생
善男子야 **我以此等無量法施**로 **攝諸衆生**하야

種種方便으로 教化調伏하야 令離惡道하고 受人天
樂하며 脫三界縛하고 住一切智로니 我時에 便得廣
大歡喜法光明海하야 其心怡暢하야 安隱適悅호라

"선남자여, 저는 이러한 한량이 없는 법보시法布施로
중생들을 거두어 주되 가지가지 방편으로 교화하고 조
복하여 나쁜 길을 여의고 인간이나 천상의 낙을 받게
하며, 세 세계의 속박을 벗어나서 일체 지혜에 머물게
하니, 저는 그때에 곧 광대한 즐거움과 법의 광명 바다
를 얻고 마음이 화창하여 편안하고 희열합니다."

보살은 중생들이 생사를 좋아하거나 생사를 싫어하거나
오온을 애착하거나 마음이 용렬하거나 마음이 교만하거나
마음이 곧지 못한 것 등을 보면 그에 알맞은 법을 설하여 그
들을 교화하고 조복한다. 불법은 이와 같이 한량없는 법의
보시로써 그들을 거두어 주되 가지가지 방편으로 교화하고
조복하여 나쁜 길을 여의고 인간이나 천상의 낙을 받게 하

며, 삼계의 속박을 벗어나 일체 지혜에 머무르게 한다. 이것이 불교의 본래 모습이다. 선재동자는 적정음해주야신에게 선지식이 얻은 해탈의 사업을 물었고, 선지식은 위와 같이 법을 설하여 중생들을 교화하는 일이 보살의 사업임을 밝혔다.

(4) 관찰에 대한 답을 설하다

부차선남자　아상관찰일체보살도량중회
復次善男子야 我常觀察一切菩薩道場衆會하야

수종종원행　현종종정신　유종종상광
修種種願行하며 現種種淨身하며 有種種常光하며

방종종광명
放種種光明하며

"또한 선남자여, 저는 항상 일체 보살들이 도량에 모여 갖가지 원願과 행行을 닦으며, 갖가지 깨끗한 몸을 나타내며, 갖가지 항상한 광명이 있으며, 갖가지 광명 놓음을 관찰합니다."

이 종 종 방 편　　　입 일 체 지 문　　　입 종 종 삼 매
以種種方便으로 入一切智門하며 入種種三昧하며

현 종 종 신 변　　　출 종 종 음 성 해　　　구 종 종 장 엄 신
現種種神變하며 出種種音聲海하며 具種種莊嚴身

　　　입 종 종 여 래 문
하며 入種種如來門하며

"갖가지 방편으로 일체 지혜의 문에 들어가며, 갖가
지 삼매에 들어가며, 갖가지 신통변화를 나타내며, 갖
가지 음성 바다를 내며, 갖가지 장엄한 몸을 갖추며, 갖
가지 여래의 문에 들어감을 관찰합니다."

예 종 종 국 토 해　　　견 종 종 제 불 해　　　득 종 종
詣種種國土海하며 見種種諸佛海하며 得種種

변 재 해　　　조 종 종 해 탈 경　　　득 종 종 지 광 해
辯才海하며 照種種解脫境하며 得種種智光海하며

입 종 종 삼 매 해　　　유 희 종 종 제 해 탈 문
入種種三昧海하며 遊戲種種諸解脫門하며

"갖가지 세계 바다에 나아가며, 갖가지 모든 부처님
바다를 뵈오며, 갖가지 변재 바다를 얻으며, 갖가지 해

탈 경계를 비추며, 갖가지 지혜의 광명 바다를 얻으며, 갖가지 삼매 바다에 들어가며, 갖가지 해탈의 문에 유희함을 관찰합니다."

이종종문 취일체지 종종장엄허공법
以種種門으로 **趣一切智**하야 **種種莊嚴虛空法**

계 이종종장엄운 변부허공 관찰종종
界하며 **以種種莊嚴雲**으로 **徧覆虛空**하며 **觀察種種**

도량중회 집종종세계
道場衆會하며 **集種種世界**하며

"갖가지 문으로써 일체 지혜에 나아가서 갖가지로 허공 법계를 장엄하며, 갖가지 장엄 구름으로 허공을 두루 덮으며, 갖가지 도량에 모인 대중을 관찰하며, 갖가지 세계를 모음을 관찰합니다."

입종종불찰 예종종방해 수종종여래
入種種佛刹하며 **詣種種方海**하며 **受種種如來**

명 종종종여래소 여종종보살구 우종
命하며 **從種種如來所**하며 **與種種菩薩俱**하며 **雨種**

종 장 엄 운　　입 여 래 종 종 방 편
種莊嚴雲하며 入如來種種方便하며

"갖가지 부처님 세계에 들어가며, 갖가지 방위의 바다에 나아가며, 갖가지 여래의 명령을 받으며, 갖가지 여래의 처소에서 갖가지 보살과 함께하며, 갖가지 장엄구를 비처럼 내리며, 여래의 갖가지 방편에 들어감을 관찰합니다."

관 여 래 종 종 법 해　　입 종 종 지 혜 해　　좌 종
觀如來種種法海하며 入種種智慧海하며 坐種

종 장 엄 좌　　선 남 자　　아 관 찰 차 도 량 중 회　　지
種莊嚴座호라 善男子야 我觀察此道場衆會하고 知

불 신 력　　무 량 무 변　　생 대 환 희
佛神力이 無量無邊하야 生大歡喜호라

"여래의 갖가지 법의 바다를 보며, 갖가지 지혜 바다에 들어가며, 갖가지 장엄한 자리에 앉음을 관찰합니다. 선남자여, 저는 이 도량에 모인 대중을 이와 같이 관찰하여 부처님의 신통한 힘이 한량없고 그지없음을 알고 크게 환희합니다."

적정음해주야신 선지식이 자신이 얻은 해탈의 관찰에 대한 답을 설하였다. 보살의 경계에서 있을 수 있는 모든 것을 남김없이 관찰하여 부처님의 신통한 힘이 한량없고 그지없음을 알고 크게 환희하게 된 것을 밝혔다.

선 남 자　아 관 비 로 자 나 여 래　염 념 출 현 불 가
善男子야 **我觀毘盧遮那如來**의 **念念出現不可**

사 의 청 정 색 신　기 견 시 이　생 대 환 희
思議淸淨色身하고 **旣見是已**에 **生大歡喜**하며

"선남자여, 저는 비로자나 여래께서 잠깐잠깐마다 불가사의하게 청정한 몸을 나타내심을 관찰하나니 이미 이것을 보고는 크게 환희합니다."

우 관 여 래　어 염 념 중　방 대 광 명　충 만 법
又觀如來의 **於念念中**에 **放大光明**하사 **充滿法**

계　기 견 시 이　생 대 환 희
界하고 **旣見是已**에 **生大歡喜**하며

"또한 여래께서 잠깐잠깐마다 큰 광명을 놓아 법계

에 가득함을 관찰하나니 이미 이것을 보고는 크게 환희
합니다."

우견여래　일일모공　염념출현무량불찰미
又見如來의 一一毛孔에 念念出現無量佛刹微

진수광명해　일일광명　이무량불찰미진수
塵數光明海어든 一一光明이 以無量佛刹微塵數

광명　　이위권속　일일주변일체법계　소
光明으로 而爲眷屬하야 一一周徧一切法界하야 消

멸일체제중생고　기견시이　생대환희
滅一切諸衆生苦하고 旣見是已에 生大歡喜하며

"또한 여래께서 낱낱 모공에서 잠깐잠깐마다 한량없
는 부처님 세계의 미진수 광명 바다를 내거든 낱낱 광
명이 한량없는 세계의 미진수 광명으로 권속을 삼고, 낱
낱이 모든 법계에 두루 하여 일체 모든 중생의 괴로움
을 소멸시킴을 관찰하나니 이미 이것을 보고는 크게 환
회합니다."

우선남자　아관여래　정급양견　염념출현
又善男子야 我觀如來의 頂及兩肩에 念念出現

일체불찰미진수보염산운　충만시방일체법
一切佛刹微塵數寶焰山雲하사 充滿十方一切法

계　기견시이　생대환희
界하고 旣見是已에 生大歡喜하며

"또한 선남자여, 저는 여래의 정수리와 두 어깨에서
잠깐잠깐마다 모든 부처님 세계의 미진수 보배 불꽃 산
구름을 나타내어 시방의 모든 법계에 가득함을 관찰하
나니 이미 이것을 보고는 크게 환희합니다."

우선남자　아관여래　일일모공　어염념중
又善男子야 我觀如來의 一一毛孔에 於念念中

출일체불찰미진수향광명운　충만시방일
에 出一切佛刹微塵數香光明雲하사 充滿十方一

체불찰　기견시이　생대환희
切佛刹하고 旣見是已에 生大歡喜하며

"또한 선남자여, 저는 여래의 낱낱 모공마다 잠깐잠
깐 동안에 모든 부처님 세계의 미진수 향기 광명 구름

을 내어 시방의 모든 세계에 가득함을 관찰하나니 이미
이것을 보고는 크게 환희합니다."

우선 남자　 아 관 여 래　 일 일 상　 염 념 출 일 체
又善男子야 我觀如來의 一一相에 念念出一切

불 찰 미 진 수 제 상 장 엄 여 래 신 운　　 변 왕 시 방 일
佛刹微塵數諸相莊嚴如來身雲하사 徧往十方一

체 세 계　　 기 견 시 이　 생 대 환 희
切世界하고 旣見是已에 生大歡喜하며

"또한 선남자여, 저는 여래의 낱낱 모습에서 잠깐잠
깐마다 모든 부처님 세계의 미진수 여러 가지로 장엄한
여래의 몸 구름을 내어 시방의 모든 세계에 두루 감을
관찰하나니 이미 이것을 보고는 크게 환희합니다."

우선 남자　 아 관 여 래　 일 일 모 공　 어 염 념 중
又善男子야 我觀如來의 一一毛孔에 於念念中

출 불 가 설 불 찰 미 진 수 불 변 화 운　　 시 현 여 래
에 出不可說佛刹微塵數佛變化雲하사 示現如來

종초발심　　수바라밀　　구장엄도　　입보살
從初發心으로 修波羅蜜하사 具莊嚴道하야 入菩薩

지　　기견시이　　생대환희
地하고 旣見是已에 生大歡喜하며

"또한 선남자여, 저는 여래의 낱낱 모공마다 잠깐잠깐 동안에 말할 수 없는 세계의 미진수 부처님의 변화하는 구름을 내어, 여래께서 처음 마음을 내어 바라밀다를 닦음을 나타내어 장엄한 길을 갖추어 보살의 지위에 들어감을 관찰하나니 이미 이것을 보고는 크게 환희합니다."

우선남자　　아관여래　　일일모공　　염념출현
又善男子야 我觀如來의 一一毛孔에 念念出現

불가설불가설불찰미진수천왕신운　　급이천
不可說不可說佛刹微塵數天王身雲과 及以天

왕　　자재신변　　충변일체시방법계　　응이천
王의 自在神變하사 充徧一切十方法界하사 應以天

왕신　　이득도자　　즉현기전　　이위설법
王身으로 而得度者는 卽現其前하야 而爲說法하고

기 견 시 이　생 대 환 희
旣見是已에 **生大歡喜**하며

　　"또한 선남자여, 저는 여래의 낱낱 모공에서 잠깐잠
깐마다 말할 수 없이 말할 수 없는 세계의 미진수 천왕
의 몸 구름을 나타내며, 또 천왕의 자재한 신통변화로
모든 시방의 법계에 가득하여 응당 천왕의 몸으로 제도
할 수 있는 이에게는 곧 그 앞에 나타나서 법을 설함을
관찰하나니 이미 이것을 보고는 크게 환희합니다."

　여 천 왕 신 운　　　기 용 왕　　야 차 왕　　건 달 바 왕
如天王身雲하야 **其龍王**과 **夜叉王**과 **乾闥婆王**

　아 수 라 왕　　가 루 라 왕　　긴 나 라 왕　　마 후 라 가
과 **阿修羅王**과 **迦樓羅王**과 **緊那羅王**과 **摩睺羅伽**

왕　　인 왕　　범 왕 신 운　　막 불 개 어 일 일 모 공　　여
王과 **人王**과 **梵王身雲**을 **莫不皆於一一毛孔**에 **如**

시 출 현　　　여 시 설 법　　　　아 견 시 이　　어 염 념
是出現하사 **如是說法**이어시든 **我見是已**하고 **於念念**

중　　생 대 환 희　　　생 대 신 락
中에 **生大歡喜**하며 **生大信樂**하니

"천왕의 몸 구름과 같이 용왕과 야차왕과 건달바왕과 아수라왕과 가루라왕과 긴나라왕과 마후라가왕과 사람왕과 범천왕의 몸 구름에서도 낱낱 모공마다 이와 같이 나타나서 이와 같이 법을 설하나니, 저는 이것을 보고는 잠깐잠깐 동안에 크게 환희하고 크게 믿고 좋아합니다."

양 여 법 계 살 바 야 등   석 소 미 득   이 금 시 득
量與法界薩婆若等이라 **昔所未得**을 **而今始得**

석 소 미 증   이 금 시 증   석 소 미 입   이 금 시
하며 **昔所未證**을 **而今始證**하며 **昔所未入**을 **而今始**

입   석 소 미 만   이 금 시 만   석 소 미 견   이 금
入하며 **昔所未滿**을 **而今始滿**하며 **昔所未見**을 **而今**

시 견   석 소 미 문   이 금 시 문
始見하며 **昔所未聞**을 **而今始聞**호니

"그 분량이 모든 법계의 살바야薩婆若 등과 같아서 예전에 얻지 못한 것을 지금 얻었고, 예전에 증득하지 못한 것을 지금 증득했고, 예전에 들어가지 못한 데를 지금 들어갔고, 예전에 만족하지 못한 것을 지금 만족하

였고, 예전에 보지 못한 것을 지금 보았고, 예전에 듣지 못한 것을 지금 들었습니다."

하이고　이능요지법계상고　지일체법　유
何以故오 以能了知法界相故며 知一切法이 唯

일상고　능평등입삼세도고　능설일체무변법
一相故며 能平等入三世道故며 能說一切無邊法

고　선남자　아입차보살염념출생광대희장
故니라 善男子야 我入此菩薩念念出生廣大喜莊

엄해탈광명해
嚴解脫光明海호라

"무슨 까닭입니까. 법계의 모양을 능히 분명하게 아는 까닭이며, 일체 법이 오직 한 모양임을 아는 까닭이며, 세 세상의 도道에 능히 평등하게 들어가는 까닭이며, 온갖 그지없는 법을 능히 설하는 까닭입니다. 선남자여, 저는 이 보살의 생각 생각마다 광대한 기쁨을 출생하여 장엄하는 해탈의 광명 바다에 들어갔습니다."

적정음해주야신 선지식이 얻은 '생각 생각마다 광대한 기쁨을 출생하여 장엄하는 해탈문'의 내용 중에서 일체 법을 관찰하고 큰 기쁨을 내게 되는 것을 낱낱이 설하여 밝혔다. 이것은 해탈의 관찰에 대한 답이다.

(5) 경계에 대한 답을 설하다

우선 남 자　　차 해 탈　　무 변　　보 입 일 체 법 계
又善男子야 此解脫이 無邊이니 普入一切法界

문 고　　차 해 탈　　무 진　　 등 발 일 체 지 성 심 고
門故며 此解脫이 無盡이니 等發一切智性心故며

차 해 탈　　무 제　　입 무 제 반 일 체 중 생 심 상 중 고
此解脫이 無際니 入無際畔一切衆生心想中故며

"또한 선남자여, 이 해탈은 그지없으니 온갖 법계의 문에 두루 들어가는 연고입니다. 이 해탈은 다함이 없으니 온갖 지혜 성품의 마음을 평등하게 내는 연고입니다. 이 해탈은 경계가 없으니 경계가 없는 모든 중생의 생각 속에 들어가는 연고입니다."

다음은 해탈의 경계에 대한 답을 설하였다. 해탈의 경계

는 그지없으며, 다함이 없으며, 경계가 없으며, 매우 깊으며, 크고 넓으며, 무너짐이 없음 등을 설하였다.

차 해 탈　심 심　　적 정 지 혜 소 지 경 고　　차 해
此解脫이 **甚深**이니 **寂靜智慧所知境故**며 **此解**

탈　광 대　주 변 일 체 여 래 경 고　차 해 탈　무 괴
脫이 **廣大**니 **周徧一切如來境故**며 **此解脫**이 **無壞**

보 살 지 안 지 소 지 고　차 해 탈　무 저　진 어 법
니 **菩薩智眼之所知故**며 **此解脫**이 **無底**니 **盡於法**

계 지 원 저 고
界之源底故며

"이 해탈은 매우 깊으니 고요한 지혜로라야 알 수 있는 경계인 연고입니다. 이 해탈은 크고 넓으니 모든 여래의 경계에 두루 하는 연고입니다. 이 해탈은 무너짐이 없나니 보살의 지혜 눈으로 아는 연고입니다. 이 해탈은 바닥이 없으니 법계의 밑바닥까지 다한 연고입니다."

차 해 탈 자　　즉 시 보 문　　　어 일 사 중　　보 견 일
此解脫者는 即是普門이니 於一事中에 普見一

체 제 신 변 고　　차 해 탈 자　　종 불 가 취　　일 체 법 신
切諸神變故며 此解脫者는 終不可取니 一切法身

등 무 이 고　　차 해 탈 자　　종 부 유 생　　　이 능 요 지
이 等無二故며 此解脫者는 終無有生이니 以能了知

여 환 법 고
如幻法故며

"이 해탈은 곧 넓은 문이니 한 가지 일에서 일체 모
든 신통변화를 두루 보는 연고입니다. 이 해탈은 마침
내 취할 수 없으니 모든 법의 몸이 평등하여 둘이 없는
연고입니다. 이 해탈은 마침내 생김이 없나니 환술과 같
은 법인 줄을 능히 아는 연고입니다."

차 해 탈 자　　유 여 영 상　　　일 체 지 원　　광 소 생
此解脫者는 猶如影像이니 一切智願이 光所生

고　　차 해 탈 자　　유 여 변 화　　화 생 보 살　　제 승 행
故며 此解脫者는 猶如變化니 化生菩薩의 諸勝行

故며 此解脫者는 猶如大地니 爲一切衆生의 所依
고　차해탈자는　유여대지니　위일체중생의　소의

處故며
처고

"이 해탈은 마치 영상과 같으니 일체 지혜와 서원의 광명으로 생긴 연고입니다. 이 해탈은 변화와 같으니 보살의 여러 가지 훌륭한 행을 변화하여 내는 연고입니다. 이 해탈은 땅덩이와 같으니 모든 중생의 의지할 곳이 되는 연고입니다."

다시 해탈의 경계를 여러 가지 비유를 들어 밝혔다. 적정음해주야신 선지식이 얻은 '생각 생각마다 광대한 기쁨을 출생하여 장엄하는 해탈문'의 내용은 그 무엇으로도 비유할 수 없지만 그러나 비유를 들어 가까이 이해하게 한 것이다.

此解脫者는 猶如大水니 能以大悲로 潤一切故
차해탈자는　유여대수니　능이대비로　윤일체고

며 此解脫者는 猶如大火니 乾竭衆生의 貪愛水故
차해탈자는　유여대화니　건갈중생의　탐애수고

차 해 탈 자　　유 여 대 풍　　영 제 중 생　　　속 질 취
며 **此解脫者**는 **猶如大風**이니 **令諸衆生**으로 **速疾趣**

어 일 체 지 고
於一切智故며

"이 해탈은 큰 물과 같으니 크게 가엾이 여김으로 모
든 것을 적시는 연고입니다. 이 해탈은 큰 불과 같으니
중생들의 탐애의 물을 말리는 연고입니다. 이 해탈은 큰
바람과 같으니 모든 중생을 일체 지혜로 빨리 나아가게
하는 연고입니다."

차 해 탈 자　　유 여 대 해　　종 종 공 덕　　　장 엄 일
此解脫者는 **猶如大海**니 **種種功德**으로 **莊嚴一**

체 제 중 생 고　　차 해 탈 자　　여 수 미 산　　　출 일 체
切諸衆生故며 **此解脫者**는 **如須彌山**이니 **出一切**

지 법 보 해 고　　차 해 탈 자　　여 대 성 곽　　　일 체 묘
智法寶海故며 **此解脫者**는 **如大城郭**이니 **一切妙**

법　　소 장 엄 고
法의 **所莊嚴故**며

"이 해탈은 큰 바다와 같으니 가지가지 공덕으로 일

체 모든 중생을 장엄하는 연고입니다. 이 해탈은 수미
산과 같으니 일체 지혜의 법보法寶 바다를 내는 연고입
니다. 이 해탈은 큰 성곽과 같으니 모든 미묘한 법으로
장엄하는 연고입니다."

차 해 탈 자　　유 여 허 공　　보 용 삼 세 불 신 력 고
此解脫者는 **猶如虛空**이니 **普容三世佛神力故**

차 해 탈 자　　유 여 대 운　　보 위 중 생　　　우 법 우
며 **此解脫者**는 **猶如大雲**이니 **普爲衆生**하야 **雨法雨**

고　차 해 탈 자　　유 여 정 일　　능 파 중 생　　무 지
故며 **此解脫者**는 **猶如淨日**이니 **能破衆生**의 **無知**

암 고
暗故며

"이 해탈은 허공과 같으니 세 세상 부처님의 신통한
힘을 두루 용납하는 연고입니다. 이 해탈은 큰 구름과
같으니 중생들에게 법의 비를 두루 내리는 연고입니다.
이 해탈은 깨끗한 해와 같으니 중생들의 무지한 어둠을
능히 깨뜨리는 연고입니다."

차 해 탈 자　　유 여 만 월　　만 족 광 대 복 덕 해 고
此解脫者는 猶如滿月이니 滿足廣大福德海故

차 해 탈 자　　유 여 진 여　　실 능 주 변 일 체 처 고
며 此解脫者는 猶如眞如니 悉能周徧一切處故며

차 해 탈 자　　유 여 자 영　　종 자 선 업 소 화 출 고
此解脫者는 猶如自影이니 從自善業所化出故며

"이 해탈은 보름달과 같으니 광대한 복덕 바다를 만족하게 하는 연고입니다. 이 해탈은 진여와 같으니 모든 곳에 능히 두루 하는 연고입니다. 이 해탈은 자기의 그림자와 같으니 자기의 착한 업으로부터 변화하여 나는 연고입니다."

차 해 탈 자　　유 여 호 향　　수 기 소 응　　위 설 법
此解脫者는 猶如呼響이니 隨其所應하야 爲說法

고　차 해 탈 자　　유 여 영 상　　수 중 생 심　　이 조
故며 此解脫者는 猶如影像이니 隨衆生心하야 而照

현 고　차 해 탈 자　　여 대 수 왕　　개 부 일 체 신 통
現故며 此解脫者는 如大樹王이니 開敷一切神通

화 고
華**故**며

"이 해탈은 메아리와 같으니 그 마땅한 바를 따라서 법을 설하는 연고입니다. 이 해탈은 영상과 같으니 중생의 마음을 따라 비추어서 나타내는 연고입니다. 이 해탈은 큰 나무와 같으니 모든 신통의 꽃을 피우는 연고입니다."

차 해 탈 자　　유 여 금 강　　종 본 이 래　　불 가 괴
此**解脫者**는 猶如金剛이니 從本已來로 不可壞

고　차 해 탈 자　여 여 의 주　　출 생 무 량 자 재 력 고
故며 此**解脫者**는 如如意珠니 出生無量自在力故

　차 해 탈 자　여 이 구 장 마 니 보 왕　　시 현 일 체
며 此**解脫者**는 如離垢藏摩尼寶王이니 示現一切

삼 세 여 래 제 신 력 고
三世如來諸神力故며

"이 해탈은 금강金剛과 같으니 본래부터 깨뜨릴 수 없는 연고입니다. 이 해탈은 여의주와 같으니 한량없이 자유자재한 힘을 내는 연고입니다. 이 해탈은 때를 여읜

마니보배와 같으니 모든 세 세상 여래의 신통한 힘을 나타내는 연고입니다."

차 해 탈 자   여 희 당 마 니 보   능 평 등 출 일 체 제
此解脫者는 **如喜幢摩尼寶**니 **能平等出一切諸**

불 법 륜 성 고   선 남 자   아 금 위 여   설 차 비 유
佛法輪聲故니라 **善男子**야 **我今爲汝**하야 **說此譬喻**

여 응 사 유   수 순 오 입
하노니 **汝應思惟**하야 **隨順悟入**이어다

"이 해탈은 기쁜 당기幢旗 마니보배와 같으니 일체 모든 부처님의 법륜의 소리를 능히 평등하게 내는 연고입니다. 선남자여, 제가 이제 그대에게 이와 같은 비유를 말하였으니 그대는 잘 생각하고 수순하여 깨달아 들어 가십시오."

선재동자가 처음에 적정음해주야신 선지식에게 해탈의 사업과 경계와 방편과 관찰을 질문하였는데 낱낱이 설명하여 마쳤다. 특히 비유를 들어 해탈의 경계를 밝힌 부분은 보

살의 해탈에 대해서 새로운 차원에서 이해해야 하는 것임을 생각하게 한다.

(6) 해탈의 원인에 대한 답을 설하다

이 시　　선 재 동 자　　백 적 정 음 해 야 신 언　　　대
爾時에 **善財童子**가 **白寂靜音海夜神言**호대 **大**

성　　운 하 수 행　　　득 차 해 탈
聖하 **云何修行**하야 **得此解脫**이니잇고

그때에 선재동자는 적정음해주야신에게 말하였습니다. "큰 성인聖人이시여, 어떻게 수행修行하여 이 해탈을 얻었습니까?"

선재동자가 적정음해주야신 선지식이 얻은 보살의 생각 생각마다 광대한 기쁨을 출생하여 장엄하는 해탈문은 어떤 수행을 해서 얻은 것인가에 대해서 물었다. 아래에는 그 원인으로서 열 가지 바라밀을 밝히고 있다.

야신 언 선남자 보살 수행십대법장
夜神이 言하사대 善男子야 菩薩이 修行十大法藏

득차해탈 하등 위십 일 수보시광대
하야 得此解脫이니 何等이 爲十고 一은 修布施廣大

법장 수중생심 실령만족
法藏하야 隨衆生心하야 悉令滿足이요

주야신이 대답하였습니다. "선남자여, 보살이 열 가지 큰 법장을 닦아 행하여 이 해탈을 얻습니다. 무엇이 열 가지인가 하면, 첫째는 보시하는 광대한 법장法藏을 닦아서 중생들의 마음을 따라 모두 만족하게 하는 것입니다."

이 수정계광대법장 보입일체불공덕해
二는 修淨戒廣大法藏하야 普入一切佛功德海요

"둘째는 청정한 계행의 광대한 법장을 닦아서 모든 부처님의 공덕 바다에 널리 들어가는 것입니다."

삼　　수감인광대법장　　능변사유일체법성
三은 修堪忍廣大法藏하야 能徧思惟一切法性
이요

"셋째는 견디고 참는 광대한 법장을 닦아서 모든 법
의 성품을 두루 생각하는 것입니다."

사　　수정진광대법장　　취일체지　　항불퇴
四는 修精進廣大法藏하야 趣一切智하야 恒不退
전
轉이요

"넷째는 꾸준히 노력하는 광대한 법장을 닦아서 일
체 지혜에 나아가 항상 물러나지 않는 것입니다."

오　　수선정광대법장　　능멸일체중생열뇌
五는 修禪定廣大法藏하야 能滅一切衆生熱惱요

"다섯째는 선정禪定의 광대한 법장을 닦아서 모든 중
생의 뜨거운 번뇌를 능히 없애는 것입니다."

육　　수반야광대법장　　능변요지일체법해
六은 修般若廣大法藏하야 能徧了知一切法海요

"여섯째는 반야般若의 광대한 법장을 닦아서 모든 법
의 바다를 두루 아는 것입니다."

칠　　수방편광대법장　　능변성숙제중생해
七은 修方便廣大法藏하야 能徧成熟諸衆生海요

"일곱째는 방편方便의 광대한 법장을 닦아서 모든 중
생을 능히 성숙하게 하는 것입니다."

팔　　수제원광대법장　　변일체불찰일체중
八은 修諸願廣大法藏하야 徧一切佛刹一切衆

생해　　진미래겁　　수보살행
生海하야 盡未來劫토록 修菩薩行이요

"여덟째는 서원誓願의 광대한 법장을 닦아서 모든 세
계와 모든 중생 바다에 두루 하여 오는 세월이 끝나도
록 보살의 행을 수행하는 것입니다."

九는 修諸力廣大法藏하야 念念現於一切法界

海一切佛國土에 成等正覺하야 常不休息이요

"아홉째는 힘의 광대한 법장을 닦아서 잠깐잠깐 동안에 모든 법계 바다에 나타나서 모든 부처님 국토에서 등정각을 이루어 쉬지 아니하는 것입니다."

十은 修淨智廣大法藏하야 得如來智하야 徧知

三世一切諸法이 無有障礙니라

"열째는 지혜의 광대한 법장을 닦아서 여래의 지혜를 얻고 세 세상의 일체 모든 법을 두루 알아서 장애가 없는 것입니다."

善男子야 若諸菩薩이 安住如是十大法藏하면

즉 능 획 득 여 시 해 탈　　청 정 증 장　　적 집 견 고
則能獲得如是解脫하야 **淸淨增長**하며 **積集堅固**

　　안 주 원 만
하며 **安住圓滿**하리라

"선남자여, 만일 모든 보살들이 이와 같은 열 가지 큰 법장에 편안히 머무르면 곧 이러한 해탈을 얻어 청정하고 증장하고 쌓이고 견고하여 편안히 머물러서 원만하게 될 것입니다."

대승보살불교의 수행 덕목은 육바라밀이나 십바라밀이다. 흔히 육바라밀을 말하지만 화엄경에서는 위와 같이 십바라밀을 권장한다. 거기에 더하여 사섭법과 사무량심을 함께 권하기도 한다.

(7) 적정음해주야신이 발심한 때를 설하다

1〉 제1찰진겁 때의 수행

선 재 동 자　　언　　성 자　　여 발 아 뇩 다 라 삼 먁
善財童子가 **言**호대 **聖者**여 **汝發阿耨多羅三藐**

삼 보 리 심　　기 이 구 여
三菩提心이 **其已久如**니잇고

　　선재동자가 말하였습니다. "거룩하신 이여, 선지식
께서 아뇩다라삼먁삼보리심을 낸 지는 얼마나 오래되었
습니까?"

　　야 신　　언　　　선 남 자　　차 화 장 장 엄 세 계 해 동
夜神이 **言**하사대 **善男子**야 **此華藏莊嚴世界海東**

　　과 십 세 계 해　　　유 세 계 해　　　명 일 체 정 광 보
에 **過十世界海**하야 **有世界海**하니 **名一切淨光寶**요

차 세 계 해 중　　유 세 계 종　　　명 일 체 여 래 원 광 명
此世界海中에 **有世界種**하니 **名一切如來願光明**

음　　　중 유 세 계　　　명 청 정 광 금 장 엄
音이며 **中有世界**하니 **名淸淨光金莊嚴**이라

　　주야신이 말하였습니다. "선남자여, 이 화장장엄세
계해의 동쪽으로 열 세계해를 지나서 세계해가 있으니
이름이 '온갖 깨끗한 빛 보배'요, 이 세계해에 세계종
世界種이 있으니 이름이 '모든 여래의 서원 광명 음성'이
요, 그 가운데 한 세계가 있으니 이름이 '청정하고 빛

난 금 장엄'입니다."

일체 향 금강 마 니 왕　　위 체　　형 여 누 각
一切香金剛摩尼王_{으로} 爲體_{하야} 形如樓閣_{하며}

중 묘 보 운　　이 위 기 제　　주 어 일 체 보 영 락 해
衆妙寶雲_{으로} 以爲其際_{하야} 住於一切寶瓔珞海_{하며}

묘 궁 전 운　　이 부 기 상　　정 예 상 잡
妙宮殿雲_{으로} 而覆其上_{하야} 淨穢相雜_{이러라}

"일체 향 금강 마니왕으로 자체가 되고, 형상은 누각
과 같으며, 여러 묘한 보배 구름이 경계선이 되어 모든 보
배 영락 바다에 머무르며, 묘한 궁전 구름이 그 위에 덮
이었는데 깨끗한 것과 더러운 것이 같이 섞이었습니다."

차 세 계 중　　내 왕 고 세　　유 겁　　명 보 광 당
此世界中_에 乃往古世_에 有劫_{하니} 名普光幢_{이요}

국 명　　보 만 묘 장　　도 량　　명 일 체 보 장 묘 월 광
國名_은 普滿妙藏_{이요} 道場_은 名一切寶藏妙月光

명　　유 불　　명 불 퇴 전 법 계 음　　어 차　　성 아
明_{이요} 有佛_{하니} 名不退轉法界音_{이라} 於此_에 成阿

녹 다 라 삼 먁 삼 보 리
耨多羅三藐三菩提어시든

"이 세계에 옛적에 겁이 있었으니 이름이 '넓은 광명 당기'요, 나라 이름은 '두루 원만한 묘한 창고'요, 도량은 이름이 '온갖 보배 창고 아름다운 달 광명'이었으며, 불퇴전법계음不退轉法界音 부처님이 이 도량에서 아뇩다라삼먁삼보리를 이루었습니다."

아 어 이 시   작 보 리 수 신   명 구 족 복 덕 등 광
我於爾時에 作菩提樹神하니 名具足福德燈光

명 당   수 호 도 량   아 견 피 불   성 등 정 각
明幢이라 守護道場이라가 我見彼佛이 成等正覺하사

시 현 신 력   발 아 녹 다 라 삼 먁 삼 보 리 심   즉
示現神力하고 發阿耨多羅三藐三菩提心하야 卽

어 차 시   획 득 삼 매   명 보 조 여 래 공 덕 해
於此時에 獲得三昧하니 名普照如來功德海며

"저는 그때 보리수 신神이 되었으니 이름이 '복덕을 구족한 등불 광명 당기'로서, 도량을 수호하다가 그 부처님이 등정각을 이루어 신통한 힘을 나타내심을 보고

아뇩다라삼먁삼보리심을 내었고, 곧바로 이때에 삼매를 얻었는데 이름이 '여래의 공덕 바다를 두루 비춤'이었습니다."

차도량중　차유여래　출흥어세　　명법수
此道場中에 次有如來가 出興於世하시니 名法樹

위덕산　　아시명종　환생차중　위도량주
威德山이어든 我時命終하고 還生此中하야 爲道場主

야신　명수묘복지광　견피여래　전정법륜
夜神하니 名殊妙福智光이라 見彼如來가 轉正法輪

　　현대신통　즉득삼매　명보조일체이탐
하사 現大神通하고 卽得三昧하니 名普照一切離貪

경계
境界며

"이 도량에서 다음에 여래가 세상에 나셨으니 이름이 '법수위덕산法樹威德山'이시며, 저는 그때 목숨을 마치고 다시 여기에 태어나서 그 도량의 밤 맡은 신이 되었으니 이름이 '훌륭한 복과 지혜 광명'이었는데, 그 여래께서 바른 법륜을 굴리면서 큰 신통 나타내심을 보고 곧 삼매를 얻었으니, 이름이 '모든 탐욕을 여읜 경계를 두루 비춤'이었습니다."

차 유 여 래　　출 흥 어 세　　　명 일 체 법 해 음 성
次有如來가 出興於世하시니 名一切法海音聲

왕　　아 어 피 시　　신 위 야 신　　　인 득 견 불　　승
王이라 我於彼時에 身爲夜神이라가 因得見佛하야 承

사 공 양　　즉 획 삼 매　　명 생 장 일 체 선 법 지
事供養하고 卽獲三昧하니 名生長一切善法地며

"다음에 여래가 세상에 나셨으니 이름이 '일체법해음성왕—切法海音聲王'이요, 저는 그때 밤 맡은 신이 되어 부처님을 뵈옵고 받들어 섬기며 공양하고 곧 삼매를 얻었으니, 이름이 '모든 착한 법을 내어 자라게 하는 땅'이었습니다."

차 유 여 래　　출 흥 어 세　　　명 보 광 명 등 당 왕
次有如來가 出興於世하시니 名寶光明燈幢王이라

아 어 피 시　　신 위 야 신　　　인 득 견 불　　　승 사 공
我於彼時에 身爲夜神이라가 因得見佛하야 承事供

양　　　즉 획 삼 매　　　명 보 현 신 통 광 명 운
養하고 卽獲三昧하니 名普現神通光明雲이며

　　"다음에 여래가 세상에 나셨으니 이름이 '보광명등
당왕寶光明燈幢王'이요, 저는 그때 밤 맡은 신이 되어 부
처님을 뵈옵고 받들어 섬기며 공양하고 곧 삼매를 얻
었으니, 이름이 '신통을 두루 나타내는 광명 구름'이었
습니다."

차 유 여 래　　　출 흥 어 세　　　명 공 덕 수 미 광
次有如來가 出興於世하시니 名功德須彌光이라

아 어 피 시　　신 위 야 신　　　인 득 견 불　　　승 사 공
我於彼時에 身爲夜神이라가 因得見佛하야 承事供

양　　　즉 획 삼 매　　　명 보 조 제 불 해
養하고 卽獲三昧하니 名普照諸佛海며

　　"다음에 여래가 세상에 나셨으니 이름이 '공덕수미
광功德須彌光'이요, 저는 그때 밤 맡은 신이 되어 부처님
을 뵈옵고 받들어 섬기며 공양하고 삼매를 얻었으니, 이

름이 '여러 부처님 바다를 두루 비춤'이었습니다."

차 유 여 래   출 홍 어 세   명 법 운 음 성 왕
次有如來가 出興於世하시니 名法雲音聲王이라

아 어 피 시   신 위 야 신   인 득 견 불   승 사 공
我於彼時에 身爲夜神이라가 因得見佛하야 承事供

양   즉 획 삼 매   명 일 체 법 해 등
養하고 卽獲三昧하니 名一切法海燈이며

"다음에 여래가 세상에 나셨으니 이름이 '법운음성
왕法雲音聲王'이요, 저는 그때 밤 맡은 신이 되어 부처님
을 뵈옵고 받들어 섬기며 공양하고 삼매를 얻었으니, 이
름이 '모든 법 바다 등불'이었습니다.

차 유 여 래   출 홍 어 세   명 지 등 조 요 왕
次有如來가 出興於世하시니 名智燈照耀王이라

아 어 피 시   신 위 야 신   인 득 견 불   승 사 공
我於彼時에 身爲夜神이라가 因得見佛하야 承事供

養_{하고} 即獲三昧_{하니} 名滅一切衆生苦淸淨光明

燈_{이며}

"다음에 여래가 세상에 나셨으니 이름이 '지등조요왕智燈照耀王'이요, 저는 그때 밤 맡은 신이 되어 부처님을 뵈옵고 받들어 섬기며 공양하고 삼매를 얻었으니, 이름이 '모든 중생의 괴로움을 없애는 청정한 광명 등불'이었습니다."

次有如來_가 出興於世_{하시니} 名法勇妙德幢_{이라}

我於彼時_에 身爲夜神_{이라가} 因得見佛_{하야} 承事供

養_{하고} 即獲三昧_{하니} 名三世如來光明藏_{이며}

"다음에 여래가 세상에 나셨으니 이름이 '법용묘덕당法勇妙德幢'이요, 저는 그때 밤 맡은 신이 되어 부처님을 뵈옵고 받들어 섬기며 공양하고 삼매를 얻었으니, 이름이 '세 세상 여래의 광명 창고'였습니다."

次有如來가 出興於世하시니 名獅子勇猛法智
燈이라 我於彼時에 身爲夜神이라가 因得見佛하야 承
事供養하고 卽獲三昧하니 名一切世間無障礙智慧
輪이며

"다음에 여래가 세상에 나셨으니 이름이 '사자용맹
법지등獅子勇猛法智燈'이요, 저는 그때 밤 맡은 신이 되어
부처님을 뵈옵고 받들어 섬기며 공양하고 삼매를 얻었
으니, 이름이 '일체 세간에서 장애 없는 지혜 바퀴'였
습니다."

次有如來가 出興於世하시니 名智力山王이라 我

어 피 시　　신 위 야 신　　　인 득 견 불　　승 사 공 양
於彼時에 身爲夜神이라가 因得見佛하야 承事供養

　　　　즉 획 삼 매　　　명 보 조 삼 세 중 생 제 근 행
하고 卽獲三昧하니 名普照三世衆生諸根行이라

"다음에 여래가 세상에 나셨으니 이름이 '지력산왕智
力山王'이요, 저는 그때 밤 맡은 신이 되어 부처님을 뵈
옵고 받들어 섬기며 공양하고 삼매를 얻었으니, 이름이
'세 세상 중생들의 모든 근기와 행을 두루 비춤'이었습
니다."

　적정음해주야신 선지식이 발심한 때를 설하는 가운데 제
1찰진겁 때에 수많은 부처님이 출현하신 것을 다 친견하고
받들어 섬기며 공양하여 삼매를 얻은 내용을 낱낱이 밝혔
다. 얼마나 오랜 세월이며 얼마나 많은 부처님이며 얼마나
많은 삼매를 얻었는가.

　　　선 남 자　　청 정 광 금 장 엄 세 계 보 광 명 당 겁 중
善男子야 淸淨光金莊嚴世界普光明幢劫中에

유 여 시 등 불 찰 미 진 수 여 래　　출 흥 어 세　　　　아
有如是等佛刹微塵數如來가 出興於世어시늘 我

어 피 시　혹 위 천 왕　　　혹 위 용 왕　　　혹 위 야 차 왕
於彼時에 或爲天王하며 或爲龍王하며 或爲夜叉王

　　혹 위 건 달 바 왕　　　혹 위 아 수 라 왕　　　혹 위 가
하며 或爲乾闥婆王하며 或爲阿修羅王하며 或爲迦

루 라 왕　　혹 위 긴 나 라 왕　　혹 위 마 후 라 가 왕
樓羅王하며 或爲緊那羅王하며 或爲摩睺羅伽王하며

혹 위 인 왕　　　혹 위 범 왕　　　혹 위 천 신　　　혹 위 인
或爲人王하며 或爲梵王하며 或爲天身하며 或爲人

신　　　혹 위 남 자 신　　　혹 위 여 인 신　　　혹 위 동 남
身하며 或爲男子身하며 或爲女人身하며 或爲童男

신　　　혹 위 동 녀 신　　실 이 종 종 제 공 양 구　　공
身하며 或爲童女身하야 悉以種種諸供養具로 供

양 어 피 일 체 여 래　　역 문 기 불 소 설 제 법
養於彼一切如來하고 亦聞其佛所說諸法호라

　"선남자여, 청정하고 빛나는 금 장엄 세계의 넓은 광
명 당기 겁 동안에 이와 같은 세계의 미진수 여래가 세
상에 나셨는데, 저는 그때마다 혹은 천왕도 되고, 혹은
용왕도 되고, 혹은 야차왕도 되고, 혹은 건달바왕도 되

고, 혹은 아수라왕도 되고, 혹은 가루라왕도 되고, 혹은 긴나라왕도 되고, 혹은 마후라가왕도 되고, 혹은 사람의 왕도 되고, 혹은 범왕도 되며, 혹은 하늘의 몸도 되고, 혹은 사람의 몸도 되고, 혹은 남자의 몸도 되고, 혹은 여자의 몸도 되고, 혹은 동남의 몸도 되고, 혹은 동녀의 몸도 되어 갖가지 공양거리로 저 여러 부처님께 공양하였고, 또한 그 부처님의 말씀하시는 모든 법을 다 들었습니다."

적정음해주야신 선지식이 무수한 세월에 무수한 부처님을 친견하며 무수한 삼매를 얻은 내용을 앞에서 밝혔고, 다시 미진수 여래가 세상에 나셨는데, 그때마다 혹은 천왕도 되고 혹은 용왕도 되고 혹은 야차왕도 되고 혹은 건달바왕도 되면서 갖가지 공양거리로 여러 부처님께 공양하였고, 또한 그 부처님의 말씀하시는 모든 법을 다 들었음을 밝혔다.

2) 제2찰진겁과 사바세계에서의 수행

종차명종　환즉어차세계중생　　경이불찰
從此命終에 **還卽於此世界中生**하야 **經二佛刹**

미진수겁　　수보살행
微塵數劫토록 **修菩薩行**하고

　"여기에서 목숨을 마치고는 다시 곧 이 세계에 태어나서 두 세계의 미진수 겁을 지내면서 보살의 행을 닦았습니다."

연후명종　생차화장장엄세계해사바세계
然後命終에 **生此華藏莊嚴世界海娑婆世界**하야

치가라구손타여래　　승사공양　　득삼매
値迦羅鳩孫駄如來하야 **承事供養**하야 **得三昧**하니

명이일체진구광명
名離一切塵垢光明이며

　"그런 뒤에 또 목숨을 마치고는 이 화장장엄세계해의 사바세계에 태어나서 가라구손타迦羅鳩孫駄 여래를 만나서 받들어 섬기며 공양하고 삼매를 얻었으니, 이름이 '모든 때를 여읜 광명'이었습니다."

차 치 구 나 함 모 니 여 래　　승 사 공 양　　득 삼
次值拘那含牟尼如來하야 承事供養하야 得三

매　　명 보 현 일 체 제 찰 해
昧하니 名普現一切諸刹海며

"다음에 구나함모니拘那含牟尼 여래를 만나서 받들어
섬기며 공양하고 삼매를 얻었으니, 이름이 '일체 모든
세계 바다를 두루 나타냄'이었습니다."

차 치 가 섭 여 래　　승 사 공 양　　득 삼 매　　명
次值迦葉如來하야 承事供養하야 得三昧하니 名

연 일 체 중 생 언 음 해
演一切衆生言音海며

"다음에 가섭迦葉 여래를 만나서 받들어 섬기며 공양
하고 삼매를 얻었으니, 이름이 '모든 중생의 말씀 바다
를 연설함'이었습니다."

차 치 비 로 자 나 여 래　　어 차 도 량　　성 정 등 각
次值毘盧遮那如來하니 於此道場에 成正等覺

^{하사} **念**^염 **念**^념 **示**^시 **現**^현 **大**^대 **神**^신 **通**^통 **力**^력 _{이어시늘} **我**^아 **時**^시 **得**^득 **見**^견_{하고} **卽**^즉 **獲**^획

此^차 **念**^염 **念**^념 **出**^출 **生**^생 **廣**^광 **大**^대 **喜**^희 **莊**^장 **嚴**^엄 **解**^해 **脫**^탈_{호라}

"다음에 비로자나毘盧遮那 여래를 만났는데 이 도량에서 정등각을 이루시고 잠깐잠깐 동안 크게 신통한 힘을 나타내시었으며, 저는 그때 뵈옵고 곧 '생각 생각마다 광대한 기쁨을 출생하여 장엄하는 해탈[念念出生廣大喜莊嚴解脫]'을 얻었습니다."

경전에는 일찍이 과거칠불過去七佛설이 있다. 지난 세상[過去世]에 출현한 일곱 부처님을 말하는데 ① 비바시불毘婆尸佛 ② 시기불尸棄佛 ③ 비사부불毘舍浮佛은 과거 장엄겁에 출현하신 부처님이다. 그리고 ④ 구류손불俱留孫佛 ⑤ 구나함모니불俱那含牟尼佛 ⑥ 가섭불迦葉佛 ⑦ 석가모니불釋迦牟尼佛은 현재 현겁賢劫에 출현하신 부처님이다. 경문의 비로자나 여래는 곧 석가모니 부처님이다.

득 차 해 탈 이 　 　 능 입 십 불 가 설 불 가 설 불 찰
得此解脫已하야는 能入十不可說不可說佛刹

미 진 수 법 계 안 립 해 　 　 견 피 일 체 법 계 안 립 해 일
微塵數法界安立海하야 見彼一切法界安立海一

체 불 찰 소 유 미 진 　 일 일 진 중 　 유 십 불 가 설 불 가
切佛刹所有微塵이 一一塵中에 有十不可說不可

설 불 찰 미 진 수 불 국 토
說佛刹微塵數佛國土어든

"이 해탈을 얻고는 열 곱절 말할 수 없이 말할 수 없
는 세계의 미진수 법계가 나란히 정돈된 바다[法界安立海]
에 들어갔으며, 그 모든 법계가 나란히 정돈된 바다에
있는 모든 세계의 미진을 보니 낱낱 미진 속에 열 곱절
말할 수 없이 말할 수 없는 세계의 미진수 부처님 국토
가 있었습니다."

일 일 불 토 　 개 유 비 로 자 나 여 래 　 좌 어 도 량
一一佛土에 皆有毘盧遮那如來가 坐於道場하사

어 염 념 중 　 성 정 등 각 　 현 제 신 변 　 소 현 신
於念念中에 成正等覺하사 現諸神變하시니 所現神

변　일일개변일체법계해　　역견자신　재피
變이 **一一皆徧一切法界海**하며 **亦見自身**이 **在彼**

일체제여래소　　우역문기소설묘법
一切諸如來所하며 **又亦聞其所說妙法**하며

"낱낱 부처님 국토에 비로자나 여래께서 도량에 앉아서 잠깐잠깐 동안에 정등각을 이루시고 여러 가지 신통변화를 나타내시니, 그 신통변화는 낱낱이 모든 법계 바다에 두루 하며, 또 자신의 몸이 저 일체 모든 여래의 계신 곳에 있음을 보고, 또 그곳에서 말씀하시는 묘한 법을 들었습니다."

우역견피일체제불　　일일모공　　출변화해
又亦見彼一切諸佛이 **一一毛孔**에 **出變化海**하고

현신통력　　어일체법계해　　일체세계해　　일
現神通力하사 **於一切法界海**와 **一切世界海**와 **一**

체세계종　　일체세계중　　수중생심　　전정법
切世界種과 **一切世界中**에 **隨衆生心**하야 **轉正法**

륜
輪하고

"또한 저 일체 모든 부처님의 낱낱 모공마다 변화의 바다를 내고, 신통한 힘을 나타내며, 모든 법계 바다와 모든 세계 바다와 모든 세계종과 모든 세계에서 중생의 마음을 따라서 바른 법륜 굴리심을 보았습니다."

아 득 속 질 다 라 니 력　수 지 사 유 일 체 문 의
我得速疾陀羅尼力하야 **受持思惟一切文義**하야

이 명 요 지　보 입 일 체 청 정 법 장　이 자 재 지
以明了智로 **普入一切淸淨法藏**하며 **以自在智**로

보 유 일 체 심 심 법 해
普遊一切甚深法海하며

"저는 빠른 다라니의 힘을 얻었으며, 온갖 글과 뜻을 받아 가지고 생각하여 밝은 지혜로 모든 청정한 법장에 두루 들어가고, 자유자재한 지혜로 모든 깊고 깊은 법의 바다에서 노닐었습니다."

이 주 변 지　보 지 삼 세 제 광 대 의　이 평 등 지
以周徧智로 **普知三世諸廣大義**하며 **以平等智**로

대방광불화엄경 강설

보달제불무차별법　　여시오해일체법문
普達諸佛無差別法하야 **如是悟解一切法門**하야

"두루 한 지혜로 세 세상의 모든 광대한 이치를 널리 알고, 평등한 지혜로 모든 부처님의 차별 없는 법을 널리 통달하여 이와 같이 모든 법문을 깨달았습니다."

일일법문중　　오해일체수다라운　　일일수
一一法門中에 **悟解一切修多羅雲**하며 **一一修**

다라운중　　오해일체법해　　일일법해중　　오
多羅雲中에 **悟解一切法海**하며 **一一法海中**에 **悟**

해일체법품　　일일법품중　　오해일체법운
解一切法品하며 **一一法品中**에 **悟解一切法雲**하며

"낱낱 법문 속에서 모든 경전의 구름[修多羅雲]을 깨닫고, 낱낱 경전의 구름 속에서 모든 법의 바다를 깨닫고, 낱낱 법의 바다 속에서 모든 법의 품을 깨닫고, 낱낱 법의 품에서 모든 법의 구름을 깨달았습니다."

일일법운중　　오해일체법류　　일일법류중
一一法雲中에 悟解一切法流하며 一一法流中

출생일체대희해　　일일대희해　　출생일체
에 出生一切大喜海하며 一一大喜海에 出生一切

지
地하며

"낱낱 법의 구름 속에서 모든 법의 흐름을 깨닫고,
낱낱 법의 흐름 속에서 모든 크게 기쁜 바다를 출생하
고, 낱낱 크게 기쁜 바다에서 모든 지위를 출생하였습
니다."

일일지　　출생일체삼매해　　일일삼매해
一一地에 出生一切三昧海하며 一一三昧海에

득일체견불해　　일일견불해　　득일체지광해
得一切見佛海하며 一一見佛海에 得一切智光海호니

"낱낱 지위에서 모든 삼매 바다를 출생하고, 낱낱 삼
매 바다에서 모든 부처님을 뵙는 바다[見佛海]를 얻고,
낱낱 부처님을 뵙는 바다에서 모든 지혜 광명 바다를
얻었습니다."

일 일 지 광 해   보 조 삼 세   변 입 시 방   지 무
一一智光海가 普照三世하고 偏入十方하야 知無

량 여 래   왕 석 제 행 해
量如來의 往昔諸行海하며

"낱낱 지혜 광명 바다가 세 세상을 두루 비추고, 시
방에 두루 들어가서 한량없는 여래의 옛적에 닦던 수행
바다를 알았습니다."

지 무 량 여 래   소 유 본 사 해   지 무 량 여 래
知無量如來의 所有本事海하며 知無量如來의

난 사 능 시 해   지 무 량 여 래   청 정 계 륜 해   지
難捨能施海하며 知無量如來의 淸淨戒輪海하며 知

무 량 여 래   청 정 감 인 해
無量如來의 淸淨堪忍海하며

"한량없는 여래의 지내 온 본사 바다[本事海]를 알고,
한량없는 여래의 버리기 어려운 것을 능히 보시하는 바
다를 알고, 한량없는 여래의 청정한 계행 바다[戒輪海]를
알고, 한량없는 여래의 청정한 견디고 참는 바다를 알
았습니다."

지무량여래　광대정진해　지무량여래
知無量如來의 **廣大精進海**하며 **知無量如來**의

심심선정해　지무량여래　반야바라밀해
甚深禪定海하며 **知無量如來**의 **般若波羅蜜海**하며

지무량여래　방편바라밀해
知無量如來의 **方便波羅蜜海**하며

"한량없는 여래의 광대한 정진 바다를 알고, 한량없
는 여래의 깊고 깊은 선정 바다를 알고, 한량없는 여래
의 반야바라밀다 바다를 알고, 한량없는 여래의 방편바
라밀다 바다를 알았습니다."

지무량여래　원바라밀해　지무량여래
知無量如來의 **願波羅蜜海**하며 **知無量如來**의

역바라밀해　지무량여래　지바라밀해
力波羅蜜海하며 **知無量如來**의 **智波羅蜜海**하며

"한량없는 여래의 원願바라밀다 바다를 알고, 한량없
는 여래의 힘바라밀다 바다를 알고, 한량없는 여래의
지혜바라밀다 바다를 알았습니다."

知無量如來의 往昔에 超菩薩地하며 知無量如
來의 往昔에 住菩薩地하야 無量劫海에 現神通力하며
知無量如來의 往昔에 入菩薩地하며

"한량없는 여래의 옛적에 보살의 지위를 초월함을
알고, 한량없는 여래의 옛적에 보살의 지위에 머물러서
한량없는 세월에 신통한 힘을 나타냄을 알고, 한량없는
여래의 옛적에 보살의 지위에 들어감을 알았습니다."

知無量如來의 往昔에 修菩薩地하며 知無量如
來의 往昔에 治菩薩地하며 知無量如來의 往昔에 觀
菩薩地하며

"한량없는 여래의 옛적에 보살의 지위 닦음을 알고,
한량없는 여래의 옛적에 보살의 지위 다스림을 알고,

한량없는 여래의 옛적에 보살의 지위 관찰함을 알았습니다."

지무량여래　석위보살시　상견제불　　지
知無量如來의 昔爲菩薩時에 常見諸佛하며 知

무량여래　석위보살시　진견불해　　겁해동
無量如來의 昔爲菩薩時에 盡見佛海하야 劫海同

주
住하며

"한량없는 여래의 옛날 보살이던 때에 항상 모든 부
처님 친견함을 알고, 한량없는 여래의 옛날 보살이던
때에 부처님 바다와 겁 바다를 모두 보고 함께 머무름
을 알았습니다."

지무량여래　석위보살시　이무량신　　변
知無量如來의 昔爲菩薩時에 以無量身으로 徧

생찰해　　지무량여래　석위보살시　주변법
生刹海하며 知無量如來의 昔爲菩薩時에 周徧法

계　　수 광 대 행
界하야 **修廣大行**하며

　"한량없는 여래의 옛날 보살이던 때에 한량없는 몸
으로 세계 바다에 두루 태어남을 알고, 한량없는 여래
의 옛날 보살이던 때에 법계에 두루 하여 광대한 행을
닦음을 알았습니다."

지 무 량 여 래　　석 위 보 살 시　　시 현 종 종 제 방 편
知無量如來의 **昔爲菩薩時**에 **示現種種諸方便**

문　　조 복 성 숙 일 체 중 생　　지 무 량 여 래　　방 대
門하야 **調伏成熟一切衆生**하며 **知無量如來**의 **放大**

광 명　　보 조 시 방 일 체 찰 해
光明하사 **普照十方一切刹海**하며

　"한량없는 여래의 옛날 보살이던 때에 갖가지 모든
방편문을 나타내어 모든 중생을 조복하고 성숙하게 함
을 알고, 한량없는 여래의 큰 광명을 놓아 시방의 모든
세계 바다를 널리 비춤을 알았습니다."

지무량여래 현대신력 보현일체제중생
知無量如來의 現大神力하사 普現一切諸衆生

전 지무량여래 광대지지 지무량여래
前하며 知無量如來의 廣大智地하며 知無量如來의

전정법륜
轉正法輪하며

"한량없는 여래가 크게 신통한 힘을 나타내어 일체
모든 중생의 앞에 나타남을 알고, 한량없는 여래의 광
대한 지혜의 지위를 알고, 한량없는 여래의 바른 법륜
굴림을 알았습니다."

지무량여래 시현상해 지무량여래 시
知無量如來의 示現相海하며 知無量如來의 示

현신해 지무량여래 광대력해 피제여래
現身海하며 知無量如來의 廣大力海하야 彼諸如來

종초발심 내지법멸 아어염념 실득지
의 從初發心으로 乃至法滅을 我於念念에 悉得知

견
見호라

"한량없는 여래의 나타내 보이는 형상의 바다를 알며, 한량없는 여래의 나타내 보이는 몸의 바다를 알고, 한량없는 여래의 광대한 힘의 바다를 알아서, 그 모든 여래가 처음 마음을 낸 때부터 내지 법이 없어지던 것을 제가 생각 생각마다 다 알고 다 보았습니다."

적정음해주야신 선지식이 발심한 때를 설하는 가운데 제1찰진겁 때에 수많은 부처님이 출현하신 것을 다 친견하고 받들어 섬기며 공양하여 삼매를 얻은 것을 밝혔고, 다시 제2찰진겁 동안에 이 사바세계에서 한량없는 여래가 출현하신 것을 보고 듣고 알게 되었음을 밝혔다. 낱낱 여래마다 처음 발심한 일에서부터 출가하시고 성도하시고 법을 널리 전하다가 열반에 드시고, 정법正法시대가 지나고 상법像法시대도 지나고 말법末法시대도 지나 드디어 불법이 없어지던 것까지 다 알고 다 보았음을 밝혔다. 이것이 적정음해주야신이 과거 수행하여 해탈을 얻은 길고 긴 역사이다.

3〉 선재동자의 질문을 맺어 답하다

선 남 자   여 문 아 언   여 발 심 래   기 이 구 여
善男子야 汝問我言호대 汝發心來가 其已久如

선 남 자   아 어 왕 석   과 이 불 찰 미 진 수 겁
오하니 善男子야 我於往昔에 過二佛刹微塵數劫하야

여 상 소 설 어 청 정 광 금 장 엄 세 계 중   위 보 리 수
如上所說於淸淨光金莊嚴世界中에 爲菩提樹

신   문 불 퇴 전 법 계 음 여 래   설 법   발 아 뇩
神하야 聞不退轉法界音如來의 說法하고 發阿耨

다 라 삼 먁 삼 보 리 심
多羅三藐三菩提心하야

"선남자여, 그대가 묻기를 저의 발심한 지가 얼마나
오래되었는가 하였거니와, 선남자여, 저는 지나간 옛적
두 세계의 미진수 겁 전에 위에서 말한 대로 청정하고
빛난 금 장엄 세계에서 보리수 신이 되어 불퇴전법계음
不退轉法界音 여래의 법문을 듣고 아뇩다라삼먁삼보리심을
내었습니다."

어 이 불 찰 미 진 수 겁 중　　수 보 살 행　　연 후　　내
於二佛剎微塵數劫中에 **修菩薩行**한 **然後**에 **乃**

생 차 사 바 세 계 현 겁 지 중　　　종 가 라 구 손 타 불
生此娑婆世界賢劫之中하야 **從迦羅鳩孫馱佛**로

지 석 가 모 니 불　　급 차 겁 중 미 래 소 유 일 체 제 불
至釋迦牟尼佛과 **及此劫中未來所有一切諸佛**히

아 개 여 시 친 근 공 양
我皆如是親近供養하니

"두 세계의 미진수 겁 동안에 보살의 행을 닦았으며,
그런 뒤에 이 사바세계의 현겁賢劫에 태어나서 가라구손
타 부처님으로부터 석가모니 부처님까지와 그리고 이
겁 가운데 오는 세상에 나실 일체 모든 부처님을 제가
이와 같이 친근하고 공양합니다."

부처님 출현에 대해 앞에서 밝힌 바 있으나 다시 한 번
살펴보면, 경전에는 일찍이 과거칠불過去七佛설이 있다. 지난
세상[過去世]에 출현한 일곱 부처님을 말하는데 ① 비바시불
毘婆尸佛 ② 시기불尸棄佛 ③ 비사부불毘舍浮佛은 과거 장엄겁에
출현하신 부처님이고 ④ 구류손불俱留孫佛 ⑤ 구나함모니불

俱那含车尼佛 ⑥ 가섭불迦葉佛 ⑦ 석가모니불釋迦牟尼佛은 현재 현
겁賢劫에 출현하신 부처님이다. 경문의 비로자나 여래는 곧
석가모니 부처님이다.

　　　　여 어 차 세 계 현 겁 지 중　　공 양 미 래 일 체 제 불
　　　如於此世界賢劫之中에 **供養未來一切諸佛**하야

일 체 세 계 일 체 겁 중　　소 유 미 래 일 체 제 불　　실 역
一切世界一切劫中에 **所有未來一切諸佛**을 **悉亦**

여 시 친 근 공 양
如是親近供養호라

　　"이 세계의 현겁에서 오는 세상의 일체 모든 부처님
께 공양한 것처럼 모든 세계의 모든 겁 동안에 나실 오
는 세상의 일체 모든 부처님께도 모두 그렇게 친근하고
공양할 것입니다."

　　　　선 남 자　　피 청 정 광 금 장 엄 세 계　　금 유 현 재
　　　善男子야 **彼清淨光金莊嚴世界**가 **今猶現在**하야

제 불 출 현　　상 속 부 단　　　여 당 일 심　　　수 차 보
諸佛出現이 相續不斷하나니 汝當一心으로 修此菩

살 대 용 맹 문
薩大勇猛門이어다

"선남자여, 저 청정하고 빛난 금 장엄 세계에는 지금
도 여러 부처님이 출현하시면서 계속하여 끊이지 아니
하나니, 그대는 마땅히 한결같은 마음으로 이 보살의
크게 용맹한 문을 닦으십시오."

적정음해주야신 선지식이 과거의 오랜 세월 제1찰진겁과
제2찰진겁 동안 수행한 내용을 길게 설명하고 다시 간략히
정리하여 결론지어 밝혔다.

(8) 적정음해주야신이 게송으로 거듭 설하다

이 시　　적 정 음 해 주 야 신　　욕 중 선 차 해 탈 의
爾時에 寂靜音海主夜神이 欲重宣此解脫義

　위 선 재 동 자　　이 설 송 언
하사 爲善財童子하야 而說頌言

그때에 적정음해주야신이 이 해탈의 뜻을 거듭 펴려
고 선재동자에게 게송으로 말하였습니다.

선 재 청 아 설　　　　청 정 해 탈 문
善財聽我說　　　　清淨解脫門하고

문 이 생 환 희　　　　근 수 영 구 경
聞已生歡喜하야　　　勤修令究竟이어다

선재동자여, 제가 말하는
청정한 해탈문을 자세히 듣고
듣고 나서는 환희한 마음을 내어
부지런히 닦아 성취하게 하십시오.

아 석 어 겁 해　　　　생 대 신 락 심
我昔於劫海에　　　　生大信樂心일새

청 정 여 허 공　　　　상 관 일 체 지
清淨如虛空하야　　　常觀一切智호라

저는 지나간 오랜 겁 동안
크게 믿고 좋아하는 마음을 내었으니

청정하기 허공과 같아서

일체 지혜를 항상 관찰하였습니다.

아 어 삼 세 불
我於三世佛에

개 생 신 락 심
皆生信樂心하고

병 급 기 중 회
幷及其衆會를

실 원 상 친 근
悉願常親近호라

저는 세 세상 부처님들께

믿고 좋아하는 마음을 다 내고

거기에 모인 대중들과 함께

항상 친근하기를 원하였습니다.

아 석 증 견 불
我昔曾見佛하고

위 중 생 공 양
爲衆生供養하며

득 문 청 정 법
得聞清淨法하고

기 심 대 환 희
其心大歡喜호라

저는 예전에 일찍이 부처님 뵈옵고

중생을 위하여 공양했으며

청정한 법문을 듣고

마음이 크게 기뻤습니다.

상존중부모
常尊重父母하야

공경이공양
恭敬而供養하야

여시무휴해
如是無休懈하야

입차해탈문
入此解脫門호라

항상 부모를 소중히 여기듯

공경하고 공양하여

이와 같이 조금도 쉬지 않으므로

이 해탈문에 들어갔습니다.

노병빈궁인
老病貧窮人이

제근불구족
諸根不具足이어든

일체개민제
一切皆愍濟하야

영기득안은
令其得安隱호라

늙은이와 병든 이와 가난한 이와

모든 감관이 구족하지 못한 이들

그들을 모두 구제하여
평안함을 얻게 하였습니다.

수 화 급 왕 적　　　　해 중 제 공 포
水火及王賊과　　　　**海中諸恐怖**를

아 석 수 제 행　　　　위 구 피 중 생
我昔修諸行에　　　　**爲救彼衆生**호라

수재와 화재와 국법과 도둑이나
바다에서나 온갖 공포에 싸인 이들
저는 옛날에 모든 행을 닦아서
그 모든 중생들을 구제하였습니다.

번 뇌 항 치 연　　　　업 장 소 전 부
煩惱恒熾然하고　　　　**業障所纏覆**로

타 어 제 험 도　　　　아 구 피 중 생
墮於諸險道이든　　　　**我救彼衆生**호라

번뇌가 항상 많은 이들과
업장에 뒤덮인 이들과

온갖 험난한 길에 빠진 이들을

저는 그 중생들을 구제하였습니다.

일 체 제 악 취　　　　무 량 초 독 고
一切諸惡趣에　　　　無量楚毒苦와

생 로 병 사 등　　　　아 당 실 제 멸
生老病死等을　　　　我當悉除滅호라

일체 여러 가지 나쁜 길에서

한량없는 고통을 받으며

나고 늙고 병들고 죽음을

저는 마땅히 모두 없애 버리렵니다.

원 진 미 래 겁　　　　보 위 제 군 생
願盡未來劫토록　　　普爲諸群生하야

멸 제 생 사 고　　　　득 불 구 경 락
滅除生死苦하고　　　得佛究竟樂호라

오는 세월이 끝나도록

널리 여러 중생을 위하여

나고 죽는 고통을 멸하고
부처님의 구경의 즐거움을 얻게 합니다.

　적정음해주야신 선지식이 길고 긴 세월 동안 무수한 생을 거듭 태어나고 다시 태어나면서 수많은 부처님을 친견하여 공경하고 공양하며 법문을 듣고 수행한 내용을 게송으로 다시 간추려 설하였다. 특히 늙은이와 병든 이와 가난한 이와 모든 감관이 구족하지 못한 이를 모두 교화하여 편안함을 얻게 하고, 수재와 화재와 국법과 도둑이나 바다에서나 온갖 공포에 싸인 이들을 모두 구제하였음을 게송으로 밝혔다.

3) 자기는 겸손하고 다른 이의 수승함을 추천하다

　선 남 자
善男子야　我唯知此念念出生廣大喜莊嚴解
　　아 유 지 차 염 념 출 생 광 대 희 장 엄 해

탈
脫이어니와　如諸菩薩摩訶薩은　深入一切法界海하며
　　여 제 보 살 마 하 살　　심 입 일 체 법 계 해

실 지 일 체 제 겁 수   보 견 일 체 찰 성 괴   이 아
悉知一切諸劫數하며 普見一切刹成壞하나니 而我

운 하 능 지 능 설 피 공 덕 행
云何能知能說彼功德行이리오

"선남자여, 저는 다만 생각 생각마다 광대한 기쁨을 출생하여 장엄하는 해탈을 알거니와 모든 보살마하살은 모든 법계 바다에 깊이 들어가서 일체 모든 겁의 수효를 다 알고 일체 세계가 이루어지고 무너짐을 널리 봅니다. 그러나 제가 그 공덕의 행을 어떻게 능히 알며 능히 말하겠습니까."

다른 선지식들과 같이 역시 자기의 수행은 겸손하고 다른 선지식의 훌륭함을 추천하였다. 모든 사람 모든 수행자들이 이와 같은 아름다운 자세를 잊지 말고 반드시 실천하라는 뜻에서 수없이 반복하여 설하고 있다.

4) 다음 선지식 찾기를 권유하다

선남자 차 보리 장 여래 회중 유 주 야 신
善男子아 此菩提場如來會中에 有主夜神하니

명 수 호 일 체 성 중 장 위 력 여 예 피 문 보 살
名守護一切城增長威力이니 汝詣彼問호대 菩薩이

운 하 학 보 살 행 수 보 살 도
云何學菩薩行이며 修菩薩道리잇고하라

"선남자여, 이 보리도량 여래의 모임 가운데 주야신
이 있으니 이름이 수호일체성증장위력守護一切城增長威力입
니다. 그대는 그에게 가서 '보살이 어떻게 보살의 행을
배우며 보살의 도를 닦습니까?'라고 물으십시오."

5) 선재동자가 선지식의 덕을 게송으로 찬탄하다

이 시 선 재 동 자 일 심 관 찰 적 정 음 해 주 야
爾時에 善財童子가 一心觀察寂靜音海主夜

신 신 이 설 송 언
神身하고 而說頌言

그때에 선재동자는 한결같은 마음으로 적정음해주야
신의 몸을 관찰하면서 게송으로 말하였습니다.

아 인 선 우 교
我因善友教하야

내 예 천 신 소
來詣天神所하야

견 신 처 보 좌
見神處寶座하니

신 량 무 유 변
身量無有邊이로다

제가 선지식의 가르침 받고

천신이 있는 곳에 와서

보배 자리에 앉은 신을 보니

몸의 크기가 한량이 없었습니다.

비 시 착 색 상
非是着色相하야

계 유 어 제 법
計有於諸法하는

열 지 천 식 인
劣智淺識人의

능 지 존 경 계
能知尊境界로다

빛깔과 모양에 집착하여

모든 법이 있다고 헤아리는

소견 좁고 지혜 없는 사람들은

높으신 경계를 알 수 없습니다.

세 간 천 급 인　　　무 량 겁 관 찰
世間天及人이　　　無量劫觀察하야도

역 불 능 측 도　　　색 상 무 변 고
亦不能測度이니　　色相無邊故니이다

이 세상의 천신과 사람들이

한량없는 겁에 관찰하여도

아무도 헤아릴 수 없으니

몸매가 그지없는 연고입니다.

원 리 어 오 온　　　역 부 주 어 처
遠離於五蘊하고　　亦不住於處하사

영 단 세 간 의　　　현 현 자 재 력
永斷世間疑하야　　顯現自在力이로다

오온五蘊을 멀리 여의었고

또한 십이처十二處에도 머물지 않아

세간의 의심 아주 끊었으며

자재한 힘을 나타냅니다.

불 취 내 외 법　　　　무 동 무 소 애
不取內外法하사　　　無動無所礙하야

청 정 지 혜 안　　　　견 불 신 통 력
淸淨智慧眼으로　　　見佛神通力이로다

안[內]의 법, 밖의 법 취하지 않아

흔들림도 없고 걸림도 없으며

청정한 지혜의 눈으로

부처님의 신통한 힘을 봅니다.

신 위 정 법 장　　　　심 시 무 애 지
身爲正法藏이요　　　心是無礙智라

기 득 지 광 조　　　　부 조 제 군 생
旣得智光照하야는　　復照諸群生이로다

몸은 바른 법의 창고요

마음은 걸림 없는 지혜입니다.

지혜 광명의 비춤을 이미 얻었고
모든 중생들을 다시 비춥니다.

심 집 무 변 업
心集無邊業하야

장 엄 제 세 간
莊嚴諸世間하며

요 세 개 시 심
了世皆是心하야

현 신 등 중 생
現身等衆生이로다

마음에 그지없는 업을 모아
모든 세간을 장엄하였고
세상이 모두 마음인 줄 알면서
몸을 나타냄이 중생들과 같습니다.

지 세 실 여 몽
知世悉如夢하며

일 체 불 여 영
一切佛如影하며

제 법 개 여 향
諸法皆如響하야

영 중 무 소 착
令衆無所着이로다

세상은 모두 꿈이요
모든 부처님은 그림자라

모든 법이 메아리 같은 줄 알아

중생들로 하여금 집착을 없게 합니다.

위 삼 세 중 생
爲三世衆生하야

염 념 시 현 신
念念示現身호대

이 심 무 소 주
而心無所住하야

시 방 변 설 법
十方徧說法이로다

세 세상 중생을 위해서

잠깐잠깐 몸을 나투나

마음은 머문 데 없이

시방에 가득하여 법을 설합니다.

무 변 제 찰 해
無邊諸刹海와

불 해 중 생 해
佛海衆生海가

실 재 일 진 중
悉在一塵中하니

차 존 해 탈 력
此尊解脫力이로다

그지없는 모든 세계 바다와

부처님 바다며 중생 바다들,

모두 한 먼지 속에 있나니

이 어른의 해탈하신 힘입니다.

선재동자가 적정음해주야신 선지식의 수행과 공덕을 다 듣고 또 다음에 찾아갈 선지식까지 소개 받고는 이제 선지식 앞을 떠나면서 그동안 들은 법문과 선지식의 모습을 게송으로 찬탄하여 밝혔다.

時에 善財童子가 說此偈已하고 頂禮其足하며 繞
無量帀하며 殷勤瞻仰하고 辭退而去하니라

그때에 선재동자는 이 게송을 설하고 나서 그의 발에 엎드려 절하고 한량없이 돌고 은근하게 앙모하면서 하직하고 떠났습니다.

문수지남도 제37, 선재동자가 수호일체성주야신을 친견하다.

37. 수호일체성주야신守護一切城主夜神

제6 현전지現前地 선지식

1) 수호일체성주야신을 뵙고 법을 묻다

(1) 가르침에 의지하여 선지식을 찾다

이시   선재동자   수순적정음해야신교
爾時에 善財童子가 隨順寂靜音海夜神敎하야

사유관찰소설법문   일일문구   개무망실
思惟觀察所說法門하야 一一文句를 皆無忘失하며

어무량심심   무량법성   일체방편   신통지혜
於無量深心과 無量法性과 一切方便과 神通智慧

억념사택   상속부단   기심광대   증입
에 憶念思擇하야 相續不斷하며 其心廣大하야 證入

안주   행예수호일체성야신소
安住하고 行詣守護一切城夜神所하니라

그때에 선재동자는 적정음해주야신의 가르침을 따라 그가 말한 법문을 생각하고 관찰하면서 낱낱 글귀 하나도 잊지 않고, 한량없는 깊은 마음과 한량없는 법의 성품과 모든 방편과 신통과 지혜를 기억하고 생각하고 가리어서 계속하고 끊이지 아니하며, 그 마음이 광대하고 증득하여 편안히 머물면서 수호일체성주야신이 있는 데로 나아갔습니다.

(2) 공경을 나타내고 법을 묻다

견 피 야 신   좌 일 체 보 광 명 마 니 왕 사 자 지 좌
見彼夜神이 **坐一切寶光明摩尼王獅子之座**하니

무 수 야 신   소 공 위 요   현 일 체 중 생 색 상 신
無數夜神의 **所共圍繞**로 **現一切衆生色相身**하며

현 보 대 일 체 중 생 신   현 불 염 일 체 세 간 신
現普對一切衆生身하며 **現不染一切世間身**하며

그 주야신이 모든 보배 광명 마니왕으로 된 사자좌에 앉았음을 보니, 수없는 주야신들이 둘러 모셨는데 모든 중생의 빛깔인 몸을 나타내며, 일체 중생을 널리 상대하는 몸을 나타내며, 일체 세간에 물들지 않는 몸

을 나타내며,

현 일 체 중 생 신 수 신　　현 초 과 일 체 세 간 신
現一切衆生身數身하며 現超過一切世間身하며

현 성 숙 일 체 중 생 신　　현 속 왕 일 체 시 방 신　　현
現成熟一切衆生身하며 現速往一切十方身하며 現

변 섭 일 체 시 방 신　　현 구 경 여 래 체 성 신　　현 구
徧攝一切十方身하며 現究竟如來體性身하며 現究

경 조 복 중 생 신
竟調伏衆生身이어늘

　　일체 중생들의 몸의 숫자인 몸을 나타내며, 모든 세
간을 초과한 몸을 나타내며, 모든 중생을 성숙시키는
몸을 나타내며, 모든 시방에 빨리 가는 몸을 나타내며,
모든 시방을 두루 포섭하는 몸을 나타내며, 끝까지 여
래의 자체 성품에 이른 몸을 나타내며, 끝까지 중생을
조복하는 몸을 나타내었습니다.

　　선재동자가 법을 묻기 전에 주야신 선지식이 사자좌에
앉아서 갖가지 몸을 나타낸 것을 보았다. 주야신이 나타낸

몸들은 모든 세상과 일체 중생을 위한 모습임을 밝혔다.

선재　　견이　　환희용약　　정례기족　　요
善財가 見已하고 歡喜踊躍하야 頂禮其足하며 繞

무량잡　　어전합장　　이작시언
無量帀하고 於前合掌하야 而作是言호대

선재동자는 그것을 보고 환희하여 뛰면서 그의 발에
절하고 한량없이 돌고 앞에 서서 합장하고 말하였습니다.

성자　　아이선발아뇩다라삼먁삼보리심
聖者여 我已先發阿耨多羅三藐三菩提心호니

이미지보살　　수보살행시　　운하요익중생
而未知菩薩이 修菩薩行時에 云何饒益衆生이며

운하이무상섭　　이섭중생　　운하순제불교
云何以無上攝으로 而攝衆生이며 云何順諸佛敎며

운하근법왕위　　유원자애　　위아선설
云何近法王位리잇고 唯願慈哀로 爲我宣說하소서

"거룩하신 이여, 저는 이미 아뇩다라삼먁삼보리심을

내었으나 보살이 보살의 행을 닦을 적에 어떻게 중생을 이익하게 하며, 어떻게 위없이 거두어 주는 일로 중생을 거두며, 어떻게 모든 부처님의 가르침을 따르며, 어떻게 법왕法王의 자리에 가까이하는지를 알지 못합니다. 바라옵건대 인자한 마음으로 저를 위하여 말씀하여 주십시오."

선재동자가 선지식에게 질문하는 내용은 대개 어떻게 보살의 행을 배우고 보살의 행을 행하는가 하는 것이었다. 그러나 이번 선지식에게는 보살이 보살의 행을 닦을 적에 어떻게 중생을 이익하게 하며, 중생들을 거두며, 부처님의 가르침을 따르며, 법왕의 자리에 가까이하는지를 물었다.

2) 수호일체성주야신이 법을 설하다

(1) 선재동자를 찬탄하다

시 피 야 신   고 선 재 언   선 남 자   여 위 구 호
時彼夜神이 **告善財言**하사대 **善男子**야 **汝爲救護**

일체중생고　여위엄정일체불찰고　여위공양
一切衆生故며 汝爲嚴淨一切佛刹故며 汝爲供養

일체여래고
一切如來故며

　　그때에 주야신이 선재동자에게 말하였습니다. "선남
자여, 그대가 모든 중생을 구호하기 위한 연고며, 그대
가 모든 부처님 세계를 깨끗이 장엄하기 위한 연고며,
그대가 모든 여래에게 공양하기 위한 연고며,

여욕주일체겁　구중생고　여욕수호일체
汝欲住一切劫하야 救衆生故며 汝欲守護一切

불종성고　여욕보입시방　수제행고　여욕
佛種性故며 汝欲普入十方하야 修諸行故며 汝欲

보입일체법문해고
普入一切法門海故며

　　그대가 모든 겁에 있으면서 중생을 구원하고자 하는
연고며, 그대가 모든 부처님의 종성을 수호하고자 하는
연고며, 그대가 시방에 두루 들어가 모든 행을 닦고자
하는 연고며, 그대가 모든 법문 바다에 널리 들어가고

자 하는 연고며,

여욕이평등심　변일체고　여욕보수일체
汝欲以平等心으로 徧一切故며 汝欲普受一切

불법륜고　여욕보수일체중생심지소락　우
佛法輪故며 汝欲普隨一切衆生心之所樂하야 雨

법우고　문제보살　소수행문
法雨故로 問諸菩薩의 所修行門하니라

　　그대가 평등한 마음으로 모든 것에 두루 하고자 하
는 연고며, 그대가 모든 부처님의 법륜을 널리 받고자
하는 연고며, 그대가 모든 중생의 마음에 좋아함을 따
라 법의 비를 내리고자 하는 연고로, 모든 보살들의 수
행한 바의 문을 물었습니다."

　　수호일체성주야신 선지식이 법을 설하기 전에 선재동자
가 질문한 점에 대해서 찬탄하였다. 특히 열 가지 연고를 들어
서 질문한 뜻을 분명히 하였다. 수행자가 선지식에게 법을 물
을 때는 모두 이와 같은 의미가 포함되어 있음을 알 수 있다.

(2) 주야신 선지식이 얻은 해탈을 밝히다

善_선男_남子_자야 我_아得_득菩_보薩_살甚_심深_심自_자在_재妙_묘音_음解_해脫_탈하야 爲_위

大_대法_법師_사호대 無_무所_소罣_가礙_애하야 善_선能_능開_개示_시諸_제佛_불法_법藏_장故_고며

具_구大_대誓_서願_원大_대慈_자悲_비力_력하야 令_영一_일切_체衆_중生_생으로 住_주菩_보提_리

心_심故_고며

"선남자여, 저는 보살의 매우 깊고 자유자재한 묘한 음성의 해탈을 얻어서 큰 법사가 되어 거리낌이 없으니, 모든 부처님의 법장을 잘 열어 보이는 연고며, 큰 서원과 큰 자비의 힘을 갖추었으니 모든 중생으로 하여금 보리심에 머물게 하려는 연고입니다."

能_능作_작一_일切_체利_이衆_중生_생事_사하야 積_적集_집善_선根_근하야 無_무有_유休_휴

息_식故_고며 爲_위一_일切_체衆_중生_생調_조御_어之_지師_사하야 令_영一_일切_체衆_중生_생으로

주 살 바 야 도 고
住薩婆若道故며

"중생을 이익되게 하는 모든 일을 지으니 착한 뿌리를 쌓아 쉬지 아니하는 연고며, 모든 중생을 지도하는 스승이 되었으니 모든 중생으로 하여금 일체 지혜의 도 道에 머물게 하는 연고입니다."

위 일 체 세 간 청 정 법 일　　보 조 세 간　　　영 생
爲一切世間清淨法日하야 **普照世間**하야 **令生**

선 근 고　　어 일 체 세 간　　기 심 평 등　　　보 령 중 생
善根故며 **於一切世間**에 **其心平等**하야 **普令衆生**

　　　증 장 선 법 고
으로 **增長善法故**며

"모든 세간의 청정한 법의 해[法日]가 되나니 세간을 두루 비추어 착한 뿌리를 내게 하는 연고며, 모든 세간에 마음이 평등하니 널리 중생들로 하여금 착한 법을 증장케 하는 연고입니다."

어 제 경 계　기 심 청 정　　제 멸 일 체 제 불 선 업
於諸境界에 **其心淸淨**하야 **除滅一切諸不善業**

고　서 원 이 익 일 체 중 생　　신 항 보 현 일 체 국 토
故며 **誓願利益一切衆生**하야 **身恒普現一切國土**

고
故며

　"모든 경계에 마음이 청정하니 일체 모든 착하지 못한 업業을 없애려는 연고며, 모든 중생을 이익하게 하려고 서원하니 몸이 항상 모든 국토에 나타나는 연고입니다."

　시 현 일 체 본 사 인 연　　영 제 중 생　　안 주 선
示現一切本事因緣하야 **令諸衆生**으로 **安住善**

행 고　항 사 일 체 제 선 지 식　　위 령 중 생　　안 주
行故며 **恒事一切諸善知識**하야 **爲令衆生**으로 **安住**

불 교 고
佛敎故니라

　"온갖 본사本事의 인연을 나타내니 여러 중생을 착한 행에 머물게 하려는 연고며, 일체 모든 선지식을 항상

섬기니 중생들로 하여금 부처님의 가르침에 편안히 머물게 하려는 연고입니다."

불자 아 이 차 등 법　　시 중 생　　영 생 백 법
佛子야 我以此等法으로 施衆生하야 令生白法하야

구 일 체 지　　기 심 견 고　　유 여 금 강 나 라 연 장
求一切智하며 其心堅固가 猶如金剛那羅延藏하야

선 능 관 찰 불 력 마 력　　상 득 친 근 제 선 지 식
善能觀察佛力魔力하며 常得親近諸善知識하야

최 파 일 체 업 혹 장 산　　집 일 체 지 조 도 지 법　　심
摧破一切業惑障山하며 集一切智助道之法하야 心

항 불 사 일 체 지 지
恒不捨一切智地케호라

"불자여, 제가 이런 법으로 중생에게 베푸는 것은 선한 법[白法]을 내어 온갖 지혜를 구하게 하며, 그 마음이 견고함이 금강 나라연 창고와 같아서 부처님의 힘과 마의 힘을 잘 관찰하며, 항상 모든 선지식을 친근하고 모든 업과 번뇌의 산을 깨뜨리며, 일체 지혜의 도를 돕는 법을 모아서 마음에 항상 일체 지혜의 지위를 버리지

않게 하려 함입니다."

수호일체성주야신 선지식이 얻은 해탈을 밝히고, 그 해탈을 얻은 까닭에 대하여 낱낱이 설하였다.

(3) 업의 작용을 특별히 나타내다

1〉 열 가지로 법계를 관찰하다

선남자 아 이 여 시 정 법 광 명 요 익 일 체 중
善男子야 我以如是淨法光明으로 饒益一切衆

생 집 선 근 조 도 법 시 작 십 종 관 찰 법 계
生하야 集善根助道法時에 作十種觀察法界하니라

"선남자여, 저는 이와 같은 깨끗한 법의 광명으로 모든 중생을 이익되게 하여 착한 뿌리와 도道를 돕는 법을 모으게 할 때에 열 가지로 법계를 관찰하였습니다."

하 자 위 십 소 위 아 지 법 계 무 량 획 득 광
何者가 爲十고 所謂我知法界無量이니 獲得廣

대 지 광 명 고
大智光明故며

"무엇이 열 가지입니까. 이른바 저는 법계가 한량없음을 아나니, 광대한 지혜의 광명을 얻는 연고입니다."

아 지 법 계 무 변   견 일 체 불   소 지 견 고
我知法界無邊이니 **見一切佛**의 **所知見故**며

"저는 법계가 그지없음을 아나니, 모든 부처님의 알고 보시는 것을 보는 연고입니다."

아 지 법 계 무 한   보 입 일 체 제 불 국 토   공 경
我知法界無限이니 **普入一切諸佛國土**하야 **恭敬**
공 양 제 여 래 고
供養諸如來故며

"저는 법계가 한정이 없음을 아나니, 일체 모든 부처님 국토에 들어가서 모든 여래께 공경하고 공양하는 연고입니다."

아 지 법 계 무 반　　보 어 일 체 법 계 해 중　　시 현
我知法界無畔이니 普於一切法界海中에 示現

수 행 보 살 행 고
修行菩薩行故며

"저는 법계가 가없음을 아나니, 모든 법계 바다 속에
서 보살의 행을 닦음을 보이는 연고입니다."

아 지 법 계 무 단　　입 어 여 래 부 단 지 고
我知法界無斷이니 入於如來不斷智故며

"저는 법계가 끊임이 없음을 아나니, 여래의 끊이지
않는 지혜에 들어가는 연고입니다."

아 지 법 계 일 성　　여 래 일 음　　일 체 중 생　　무
我知法界一性이니 如來一音에 一切衆生이 無

불 료 고
不了故며

"저는 법계가 한 성품임을 아나니, 여래의 한결같은
음성을 모든 중생이 모두 아는 연고입니다."

아 지 법 계 성 정　　요 여 래 원　　보 도 일 체 제
我知法界性淨이니 了如來願하야 普度一切諸

중 생 고
衆生故며

"저는 법계의 성품이 깨끗함을 아나니, 여래의 서원
이 일체 모든 중생을 두루 제도하는 것을 통달하는 연
고입니다."

아 지 법 계　　변 중 생　　보 현 묘 행　　실 주 변 고
我知法界의 徧衆生이니 普賢妙行이 悉周徧故며

"저는 법계가 중생에게 두루 함을 아나니, 보현의 묘
한 행行이 다 두루 하는 연고입니다."

아 지 법 계　　일 장 엄　　보 현 묘 행　　선 장 엄 고
我知法界의 一莊嚴이니 普賢妙行으로 善莊嚴故며

"저는 법계가 한 가지로 장엄함을 아나니, 보현의 묘
한 행이 잘 장엄하는 연고입니다."

아 지 법 계　　불 가 괴　　일 체 지 선 근　　충 만 법 계
我知法界의 **不可壞**니 **一切智善根**이 **充滿法界**

불 가 괴 고
하야 **不可壞故**라

"저는 법계가 파괴할 수 없음을 아나니, 일체 지혜
의 착한 뿌리가 법계에 가득하여 파괴할 수 없는 연고
입니다."

선 남 자　　아 작 차 십 종 관 찰 법 계　　집 제 선 근
善男子야 **我作此十種觀察法界**하야 **集諸善根**

판 조 도 법　　요 지 제 불 광 대 위 덕　　심 입 여
하야 **辦助道法**하며 **了知諸佛廣大威德**하며 **深入如**

래 난 사 경 계
來難思境界호라

"선남자여, 저는 이 열 가지로 법계를 관찰하여 착한
뿌리를 모으며, 도道를 돕는 법을 마련하며, 모든 부처
님의 광대한 위덕威德을 알고, 여래의 부사의한 경계에
깊이 들어갑니다."

수호일체성주야신 선지식이 자신이 얻은 해탈의 업의 작용을 특별히 나타내는 가운데 먼저 열 가지로 법계를 관찰하는 것을 밝혔다.

2〉 열 가지의 큰 위덕 다라니를 얻다

우선남자　아 여 시 정 념 사 유　　득 여 래 십 종
又善男子야 **我如是正念思惟**하야 **得如來十種**

대 위 덕 다 라 니 륜
大威德陀羅尼輪하니라

"또한 선남자여, 저는 이와 같은 바른 마음으로 생각하고 여래의 열 가지 큰 위덕 다라니 바퀴를 얻었습니다."

하 자　　위 십　　소 위 보 입 일 체 법 다 라 니 륜
何者가 **爲十**고 **所謂普入一切法陀羅尼輪**과

"무엇이 열 가지입니까. 이른바 모든 법에 두루 들어가는 다라니 바퀴이며,

보지일체법다라니륜   보설일체법다라니
普持一切法陀羅尼輪과 **普說一切法陀羅尼**

륜   보념시방일체불다라니륜   보설일체불명
輪과 **普念十方一切佛陀羅尼輪**과 **普說一切佛名**

호다라니륜
號陀羅尼輪과

모든 법을 두루 지니는 다라니 바퀴이며, 모든 법을
두루 말하는 다라니 바퀴이며, 시방의 모든 부처님을
두루 생각하는 다라니 바퀴이며, 모든 부처님의 명호를
두루 말하는 다라니 바퀴이며,

보입삼세제불원해다라니륜   보입일체제
普入三世諸佛願海陀羅尼輪과 **普入一切諸**

승해다라니륜   보입일체중생업해다라니륜
乘海陀羅尼輪과 **普入一切衆生業海陀羅尼輪**과

질전일체업다라니륜   질생일체지다라니륜
疾轉一切業陀羅尼輪과 **疾生一切智陀羅尼輪**이라

세 세상 부처님들의 서원 바다에 두루 들어가는 다
라니 바퀴이며, 일체 모든 승乘의 바다에 두루 들어가는

다라니 바퀴이며, 모든 중생의 업業 바다에 두루 들어가는 다라니 바퀴이며, 모든 업을 빨리 돌리는[轉] 다라니 바퀴이며, 일체 지혜를 빨리 나게 하는 다라니 바퀴입니다."

善男子야 此十陀羅尼輪이 以十千陀羅尼輪으로
而爲眷屬이니 恒爲衆生하야 演說妙法하니라

"선남자여, 이 열 가지 다라니 바퀴는 일만[十千] 다라니 바퀴로써 권속을 삼고 항상 중생에게 묘한 법을 연설합니다."

수호일체성주야신 선지식이 자신이 얻은 해탈의 업의 작용을 특별히 나타내는 가운데 먼저 열 가지로 법계를 관찰하는 것을 밝히고 다음으로 열 가지 다라니 바퀴 얻음을 밝혔다. 이 열 가지 다라니 바퀴는 일만 다라니 바퀴로써 권속이 되었다.

3〉 가지가지 법을 설하다

善男子야 我或爲衆生하야 說聞慧法하야 或爲
선 남 자   아 혹 위 중 생   설 문 혜 법   혹 위

衆生하야 說思慧法하며 或爲衆生하야 說修慧法하며
중 생   설 사 혜 법   혹 위 중 생   설 수 혜 법

"선남자여, 저는 혹 어떤 중생에게는 듣는 지혜의 법을 말하기도 하고, 어떤 중생에게는 생각하는 지혜의 법을 말하기도 하고, 어떤 중생에게는 닦는 지혜의 법을 말하기도 합니다."

수호일체성주야신 선지식이 자신이 얻은 해탈의 업의 작용을 특별히 나타내는 가운데 먼저 열 가지로 법계를 관찰하는 것을 밝히고, 다음으로 열 가지 다라니 바퀴 얻음을 밝히고, 이번에는 가지가지 법을 설함을 밝혔다. 먼저 문사수聞思修 삼혜三慧를 설함을 밝혔다. 이 삼혜는 불교에서 일찍이 중요하게 여기는 수행의 순서이다. 문혜聞慧·사혜思慧·수혜修慧라 하여 ① 문혜는 보고 듣고서 얻는 지혜이며 ② 사혜는 고찰하여 얻는 지혜이며 ③ 수혜는 고찰을 마치고 입정入定한 뒤에 수득修得하는 지혜라 하였다.

혹 위 중 생　　설 일 유 법　　혹 위 중 생　　설 일
或爲衆生하야 說一有法하며 或爲衆生하야 說一

체 유 법
切有法하며

"어떤 중생에게는 한 가지 있는 법을 말하기도 하고,
어떤 중생에게는 온갖 있는 법을 말하기도 합니다."

혹 위 설 일 여 래 명 해 법　　혹 위 설 일 체 여 래 명
或爲說一如來名海法하며 或爲說一切如來名

해 법
海法하며

"혹은 한 여래의 이름 바다 법을 말하기도 하고, 혹
은 모든 여래의 이름 바다 법을 말하기도 합니다."

혹 위 설 일 세 계 해 법　　혹 위 설 일 체 세 계 해 법
或爲說一世界海法하며 或爲說一切世界海法

하며

"혹은 한 세계 바다의 법을 말하기도 하고, 혹은 일

체 세계 바다의 법을 말하기도 합니다."

혹 위 설 일 불 수 기 해 법　　혹 위 설 일 체 불 수 기
或爲說一佛授記海法하며 **或爲說一切佛授記**
해 법
海法하며

"혹은 한 부처님의 수기 바다[授記海] 법을 말하기도
하고, 혹은 모든 부처님의 수기 바다 법을 말하기도 합
니다."

혹 위 실 일 어 래 중 회 도 량 해 법　　혹 위 설 일 체
或爲說一如來衆會道場海法하며 **或爲說一切**
여 래 중 회 도 량 해 법
如來衆會道場海法하며

"혹은 한 여래에게 모인 대중의 도량 바다 법을 말
하기도 하고, 혹은 모든 여래에게 모인 대중의 도량 바
다 법을 말하기도 합니다."

혹 위 설 일 여래 법 륜 해 법　　　혹 위 설 일 체 여래
或爲說一如來法輪海法_{하며} **或爲說一切如來**

법 륜 해 법
法輪海法_{하며}

"혹은 한 여래의 법륜 바다 법을 말하기도 하고, 혹은 모든 여래의 법륜 바다 법을 말하기도 합니다."

혹 위 설 일 여 래 수 다 라 법　　　혹 위 설 일 체 여 래
或爲說一如來修多羅法_{하며} **或爲說一切如來**

수 다 라 법
修多羅法_{하며}

"혹은 한 여래의 수다라 법을 말하기도 하고, 혹은 모든 여래의 수다라 법을 말하기도 합니다."

혹 위 설 일 여 래 집 회 법　　　혹 위 설 일 체 여 래 집
或爲說一如來集會法_{하며} **或爲說一切如來集**

회 법
會法_{하며}

"혹은 한 여래의 회중 모으는 법을 말하기도 하고, 혹은 모든 여래의 회중 모으는 법을 말하기도 합니다."

혹 위 설 일 살 바 야 심 해 법 　　혹 위 설 일 체 살 바
或爲說一薩婆若心海法하며 **或爲說一切薩婆**

야 심 해 법
若心海法하며

"혹은 한 살바야 마음 바다 법을 말하기도 하고, 혹은 모든 살바야 마음 바다 법을 말하기도 합니다."

혹 위 설 일 승 출 리 법 　　혹 위 설 일 체 승 출 리 법
或爲說一乘出離法하며 **或爲說一切乘出離法**

　　선 남 자 　아 이 여 시 등 불 가 설 법 문 　　위 중
하노니 **善男子**야 **我以如是等不可說法門**으로 **爲衆**

생 설
生說호라

"혹은 한 승乘으로 벗어나는 법을 말하기도 하고, 혹은 모든 승으로 벗어나는 법을 말하기도 합니다. 선남

자여, 저는 이와 같은 말할 수 없는 법문으로 중생들에게 말합니다."

수호일체성주야신 선지식이 자신이 얻은 해탈의 업의 작용을 특별히 나타내는 가운데 먼저 열 가지로 법계를 관찰하는 것을 밝히고, 다음으로 열 가지 다라니 바퀴 얻음을 밝히고, 다음에는 가지가지 법을 설함을 밝혔다. 먼저 문사수聞思修 삼혜三慧를 설함을 밝혔고, 여기까지는 가지가지 법을 낱낱이 들어 밝혔다. 법을 깨달아 해탈문을 얻고는 달리 무엇을 하겠는가. 일체 존재의 참다운 이치인 진리를 설하여 미혹한 마음을 깨닫게 하는 법보시가 가장 우선하는 일이기 때문이다.

4〉 이익을 맺다

　선 남 자　아 입 여 래 무 차 별 법 계 문 해　　설 무
善男子야 **我入如來無差別法界門海**하야 **說無**

　상 법　　보 섭 중 생　　진 미 래 겁　　주 보 현 행
上法하야 **普攝衆生**하야 **盡未來劫**토록 **住普賢行**호라

선남자　아성취차심심자재묘음해탈　어염
善男子야 我成就此甚深自在妙音解脫하야 於念

념중　증장일체제해탈문　염념충만일체법
念中에 增長一切諸解脫門하고 念念充滿一切法

계
界호라

　"선남자여, 저는 여래의 차별 없는 법계문 바다에 들어가서 위없는 법을 설하여 중생들을 두루 거두어서 오는 세월이 끝나도록 보현의 행에 머물게 합니다. 선남자여, 저는 이 매우 깊고 자유자재한 묘한 음성 해탈을 성취하였으므로 잠깐잠깐마다 일체 모든 해탈문을 증장하고, 잠깐잠깐마다 모든 법계에 가득합니다."

　결론적으로 여래의 차별 없는 법계문 바다에 들어가서 위없는 법을 설하여 중생들을 두루 거두어서 오는 세월이 끝나도록 보현의 행에 머물게 하는 것이다.

(4) 처음 겁의 수행을 밝히다

1〉 세계와 겁과 불법이 일어남을 밝히다

時_에 善財童子_가 白夜神言_{호대} 奇哉_라 天神_{이여}

此解脫門_이 如是希有_{하니} 聖者證得_이 其已久如

니잇고

그때에 선재동자가 주야신에게 말하였습니다. "신기하옵니다. 천신이시여, 이 해탈문이 그와 같이 희유한데 거룩하신 이께서 얻은 지는 얼마나 오래되었습니까?"

그와 같은 훌륭한 해탈문을 얻은 것에 대하여 선재동자는 궁금하였다. 얼마나 오랫동안 수행을 쌓아야 그와 같은 해탈문을 얻을 수 있는지에 대해서 묻게 되었고, 그로 인하여 수호일체성주야신 선지식이 오랜 세월 무수한 부처님을 친견하면서 걸어온 길을 낱낱이 밝히게 되었다.

야신 언   선남자   내 왕 고 세   과 세 계 전
夜神이 言하사대 善男子야 乃往古世에 過世界轉

미 진 수 겁   유 겁   명 이 구 광 명   유 세 계
微塵數劫하야 有劫하니 名離垢光明이요 有世界하니

명 법 계 공 덕 운
名法界功德雲이라

주야신이 대답하였습니다. "선남자여, 지나간 옛적
세계의 미진수 갑절 미진수 겁 전에 한 겁이 있었으니
이름이 이구광명이고, 세계의 이름은 법계공덕운이었습
니다."

이 현 일 체 중 생 업 마 니 왕 해   위 체   형 여 연
以現一切衆生業摩尼王海로 爲體하야 形如蓮

화   주 사 천 하 미 진 수 향 마 니 수 미 산 망 중
華하고 住四天下微塵數香摩尼須彌山網中하야

이 출 일 체 여 래 본 원 음 연 화   이 위 장 엄   수 미
以出一切如來本願音蓮華로 而爲莊嚴하고 須彌

산 미 진 수 연 화   이 위 권 속   수 미 산 미 진 수 향
山微塵數蓮華로 而爲眷屬하고 須彌山微塵數香

마니　이위간착　유수미산미진수사천하
摩尼로 以爲間錯하며 有須彌山微塵數四天下어든

일일사천하　유백천억나유타불가설불가설
一一四天下에 有百千億那由他不可說不可說

성
城하니라

"일체 중생의 업을 나타내는 마니왕 바다로 자체가 되었는데, 형상은 연꽃과 같고 사천하의 미진수 향 마니 수미산 그물 가운데 있으며, 모든 여래의 서원誓願 음성을 내는 연화로 장엄하고, 수미산 미진수 연화로 권속을 삼았으며, 수미산 미진수 향 마니로 사이사이 장식하였고, 수미산 미진수 사천하가 있으며, 낱낱 사천하에 백천억 나유타 말할 수 없이 말할 수 없는 성城이 있었습니다."

선남자　피세계중　유사천하　명위묘당
善男子야 彼世界中에 有四天下하니 名爲妙幢

중유왕도　명보보화광　거차불원　유
이요 中有王都하니 名普寶華光이며 去此不遠에 有

보리장   명보현현법왕궁전   수미산미진수
菩提場하니 名普顯現法王宮殿이라 須彌山微塵數

여래   어중출현
如來가 於中出現하시니라

"선남자여, 그 세계에 한 사천하가 있으니 이름이
'묘한 당기幢旗'요, 그 가운데 왕도王都가 있으니 이름이
'넓은 보배 꽃 광명'이었습니다. 그곳에서 멀지 않은 곳
에 보리장菩提藏이 있으니 이름이 '법왕의 궁전을 두루
나타냄'이며, 수미산 미진수 여래가 그 가운데 출현하
시었습니다."

2) 최초 부처님 때의 일을 밝히다

기 최 초 불   명법해뇌음광명왕   피불출시
其最初佛이 名法海雷音光明王이요 彼佛出時에

유전륜왕   명청정일광명면   어기불소   수
有轉輪王하니 名淸淨日光明面이라 於其佛所에 受

지일체법해선수다라   불열반후   기왕   출
持一切法海旋修多羅라가 佛涅槃後에 其王이 出

家하야 護持正法이러니
가　　호 지 정 법

"그 최초의 부처님은 이름이 법해뇌음광명왕法海雷音光明王이시고, 그 부처님이 출현하셨을 적에 전륜왕이 있었으니 이름이 청정일광명면淸淨日光明面이었습니다. 그 부처님에게서 일체법해선一切法海旋 수다라를 받아 지니었고, 그 부처님이 열반하신 뒤에 그 전륜왕이 출가하여 바른 법을 보호하여 유지하였습니다."

전륜왕이 출가하여 바른 법을 보호하여 유지하였다고 하였다. 석가모니 부처님 이후의 불교 역사에도 수많은 왕이나 왕족들이 출가하거나 불법에 귀의하여 불교를 보호하고 유지한 일이 많다. 반대로 왕이나 대신들이 불교를 폐망廢亡시킨 경우도 적지 않다. 소위 수많은 폐불廢佛 사건이 그것이다. 호불護佛 역사와 폐불 역사를 다 기록하자면 끝이 없을 것이다.

법욕멸시 유천부이중 천종설법 근어
法欲滅時에 **有千部異衆**이 **千種說法**이라 **近於**

말겁 업혹장중 제악비구 다유투쟁 낙
末劫에 **業惑障重**한 **諸惡比丘**가 **多有鬪諍**하야 **樂**

착경계 불구공덕 요설왕론적론여론국
着境界하고 **不求功德**하야 **樂說王論賊論女論國**

론해론 급이일체세간지론
論海論과 **及以一切世間之論**이어늘

"법이 없어지려 할 적에 일천 무리의 다른 대중이 있
어 일천 가지로 법을 말하여, 말겁末劫이 거의 되어서는
번뇌와 업이 두터운 여러 나쁜 비구들이 많아서 서로
다투며 경계에만 집착하고 공덕을 구하지 않으며, 왕의
언론과 도둑의 언론과 여인의 언론과 나라의 언론과 바
다의 언론과 모든 세간의 언론을 말하기를 좋아하였습
니다."

수호일체성주야신 선지식이 오랜 세월 무수한 생을 거듭
하면서 부처님을 친견하여 수행하신 일을 밝히는데 먼저 최
초 부처님 때의 일을 밝혔다. 그리고 그 부처님의 법이 소멸

하는 말세의 이야기를 짚고 넘어가는데 어쩌면 석가모니 부처님 때의 역사와 그토록 같은가. 사람들의 삶이란 어느 시대나 어느 세계나 꼭 같다는 것을 명시하는 것이다. 또 정법시대와 말법시대가 따로 있는 것이 아니라 사람에게 있다는 것을 암시하고 있다.

그때는 그래도 악한 비구들이 기껏해야 왕에 대한 이야기와 도둑에 대한 이야기와 여인에 대한 이야기와 나라의 정치와 행정에 대한 이야기와 세상에서 일어나는 이야기들만 했다니 그 또한 다행이라고 생각된다.

時에 王比丘가 而語之言호대 奇哉苦哉라 佛이 於
無量諸大劫海에 集此法炬어시늘 云何汝等은 而共
毀滅고

그때에 전륜왕인 비구가 말하였습니다. "이상하고도 괴로워라. 부처님이 한량없는 모든 큰 겁의 바다에서 이 법의 횃불을 모으셨거늘 어찌하여 그대들은 함께 훼방하고 없애려 하는가."

전륜왕이 출가하여 비구가 되었는데도 나쁜 비구들이 그렇게 설치니 전륜왕 비구가 그냥 있을 수 없었다. 통탄할 일이었다. 무슨 방법을 동원해서 불법을 다시 일으켜 세울까. 이와 같은 상황에서 꼭 필요한 것이 신통을 나타내는 큰 방편이었다. 지금의 한국불교에 꼭 필요한 것이 이와 같은 신통이다.

작 시 설 이　　상 승 허 공　　고 칠 다 라 수　　신
作是說已하고 上升虛空호대 高七多羅樹하야 身

출 무 량 제 색 염 운　　방 종 종 색 대 광 명 망　　영
出無量諸色焰雲하며 放種種色大光明網하야 令

무 량 중 생　　제 번 뇌 열　　영 무 량 중 생　　발 보
無量衆生으로 除煩惱熱하며 令無量衆生으로 發菩

리 심　　이 시 인 연　　피 여 래 교　　부 어 육 만 오
提心케하시니 以是因緣으로 彼如來教가 復於六萬五

천 세 중   이 득 흥 성
千歲中에 **而得興盛**하니라

이렇게 말하고는 허공으로 일곱 다라수多羅樹의 높이로 올라가서, 몸으로 한량없는 여러 가지 빛 불꽃 구름을 내며, 가지각색 빛의 큰 광명 구름을 놓아 한량없는 중생들로 하여금 뜨거운 번뇌를 없애게 하며, 한량없는 중생들로 하여금 보리심을 내게 하였습니다. 이 인연으로 저 여래의 가르친 법이 다시 육만오천 년 동안 홍성하였습니다.

전륜왕 비구는 하늘 높이 올라가서 몸으로 한량없는 여러 가지 빛 불꽃 구름을 내며, 가지각색 빛의 큰 광명 구름을 놓아 한량없는 중생들로 하여금 뜨거운 번뇌를 없애게 하며, 한량없는 중생들로 하여금 보리심을 내게 하였다. 지금이라도 만약 이와 같은 신통이 있다면 못할 일이 없을 것이다. 참으로 안타까운 일이다.

시　　유비구니　　　명법륜화광　　　시차왕녀
時에 有比丘尼하니 名法輪化光이니 是此王女라

백천비구니　　이위권속　　　문부왕어　　　급견
百千比丘尼로 而爲眷屬이러니 聞父王語하며 及見

신력　　발보리심　　영불퇴전　　득삼매　　명
神力하고 發菩提心하야 永不退轉하야 得三昧하니 名

일체불교등
一切佛敎燈이며

　　그때에 비구니가 있었으니 이름이 법륜화광法輪化光이
었습니다. 이는 전륜왕의 딸로서 백천 비구니로 권속을
삼았는데 부왕의 말을 들으며 신통한 힘을 보고 보리심
을 내어 영원히 물러나지 아니하였으며 삼매를 얻었으
니, 이름이 '모든 부처님 가르침의 등불'이었습니다.

　　우득차심심자재묘음해탈　　득이　　신심유
又得此甚深自在妙音解脫하니 得已에 身心柔

연　　즉득현견법해뇌음광명왕여래일체신력
軟하야 卽得現見法海雷音光明王如來一切神力
하니라

또한 이 매우 깊고 자유자재한 묘한 음성 해탈을 얻었습니다. 삼매를 얻고는 몸과 마음이 부드러워졌으며, 곧바로 법해뇌음광명왕 여래를 보는 모든 신통한 힘을 얻었습니다.

전륜왕으로서 비구가 된 이에게 출가하시기 전에 딸이 있었는데 그도 출가하여 비구니가 되었다. 그 비구니가 전륜왕 비구인 아버지의 신통을 보고 보리심을 내어 영원히 물러나지 아니하였으며 삼매까지 얻게 되었다.

선 남 자　어 여 의 운 하　피 시 전 륜 성 왕　수 어
善男子야 於汝意云何오 彼時轉輪聖王이 隨於

여 래　전 정 법 륜　불 열 반 후　흥 륭 말 법 자
如來하야 轉正法輪하며 佛涅槃後에 興隆末法者가

기 이 인 호　금 보 현 보 살　시　기 법 륜 화 광 비 구
豈異人乎아 今普賢菩薩이 是며 其法輪化光比丘

니　즉 아 신　시　아 어 피 시　수 호 불 법　영 십
尼는 卽我身이 是니 我於彼時에 守護佛法하야 令十

만 비 구 니 어 아 뇩 다 라 삼 먁 삼 보 리 득 불 퇴 전
萬比丘尼로 **於阿耨多羅三藐三菩提**에 **得不退轉**
하며

"선남자여, 그대는 어떻게 생각합니까. 그때의 전륜
성왕으로서 여래를 따라 바른 법륜을 굴리고 부처님이
열반하신 뒤에 말법未法을 흥성하게 한 이는 다른 사람
이 아니라 지금의 보현보살이며, 그 법륜화광 비구니는
곧 제 몸입니다. 저는 그때에 불법佛法을 수호하여 십만
비구니들로 하여금 아뇩다라삼먁삼보리에서 물러나지
않게 하였습니다."

그때 그 시절의 전륜왕은 곧 보현보살이며, 전륜왕의 딸
로서 비구니가 된 사람은 곧 지금의 수호일체성주야신 선지
식임을 밝혔다.

우 영 득 현 견 일 체 불 삼 매 우 영 득 일 체 불 법
又令得現見一切佛三昧하며 **又令得一切佛法**

륜 금 강 광 명 다 라 니 우 영 득 보 입 일 체 법 문 해
輪金剛光明陀羅尼하며 **又令得普入一切法門海**

반 야 바 라 밀
般若波羅蜜케호라

"또 모든 부처님을 보는 삼매를 얻게 하고, 또 모든 부처님의 법륜과 금강 광명 다라니를 얻게 하고, 또 모든 법문 바다에 널리 들어가는 반야바라밀다를 얻게 하였습니다."

3〉일백 부처님의 출현을 밝히다

차 유 불 홍 　　명 이 구 법 광 명 　　차 유 불 홍
次有佛興하시니 　**名離垢法光明**이며 　**次有佛興**하시니

명 법 륜 광 명 계 　　차 유 불 홍 　　명 법 일 공 덕 운
名法輪光明髻며 　**次有佛興**하시니 　**名法日功德雲**이며

차 유 불 홍 　　명 법 해 묘 음 왕 　　차 유 불 홍
次有佛興하시니 　**名法海妙音王**이며 　**次有佛興**하시니

명 법 일 지 혜 등
名法日智慧燈이며

"다음에 부처님이 나셨으니 이름이 이구법광명離垢法光明이며, 다음에 부처님이 나셨으니 이름이 법륜광명계法輪光明髻이며, 다음에 부처님이 나셨으니 이름이 법일공

덕운法日功德雲이며, 다음에 부처님이 나셨으니 이름이 법해묘음왕法海妙音王이며, 다음에 부처님이 나셨으니 이름이 법일지혜등法日智慧燈이었습니다."

수호일체성주야신 선지식이 수행하기 시작한 최초의 부처님 때의 이야기에 이어 다음에 또 부처님이 출현하시고, 또 다음에 부처님이 출현하시고, 또 다음에 부처님이 출현하시고 하여 이와 같이 일백 부처님이 차례로 세상에 출현하신 일을 낱낱이 열거하였다.

차유불흥
次有佛興하시니 名法華幢雲이며 次有佛興하시니

명법염산당왕
名法焰山幢王이며 次有佛興하시니 名甚深法功德

월
月이며 次有佛興하시니 名法智普光藏이며 次有佛興

명개시보지장
하시니 名開示普智藏이며

"다음에 부처님이 나셨으니 이름은 법화당운法華幢雲이며, 다음에 부처님이 나셨으니 이름은 법염산당왕法焰山幢王이며, 다음에 부처님이 나셨으니 이름은 심심법공덕월甚深法功德月이며, 다음에 부처님이 나셨으니 이름은 법지보광장法智普光藏이며, 다음에 부처님이 나셨으니 이름은 개시보지장開示普智藏이었습니다."

차유불흥
次有佛興하시니 名功德藏山王이며 次有佛興하시니
명공덕장산왕   차유불흥

명보문수미현   차유불흥   명일체법정진
名普門須彌賢이며 次有佛興하시니 名一切法精進

당   차유불흥   명법보화공덕운   차유불
幢이며 次有佛興하시니 名法寶華功德雲이며 次有佛

흥   명적정광명계
興하시니 名寂靜光明髻며

"다음에 부처님이 나셨으니 이름은 공덕장산왕功德藏山王이며, 다음에 부처님이 나셨으니 이름은 보문수미현普門須彌賢이며, 다음에 부처님이 나셨으니 이름은 일체법정진당一切法精進幢이며, 다음에 부처님이 나셨으니 이름

은 법보화공덕운法寶華功德雲이며, 다음에 부처님이 나셨으니 이름은 적정광명계寂靜光明髻였습니다."

차유불흥 　　 명법광명자비월 　　 차유불흥
次有佛興하시니 名法光明慈悲月이며 次有佛興

　　 명공덕염해 　차유불흥 　　 명지일보광명
하시니 名功德焰海며 次有佛興하시니 名智日普光明

　 차유불흥 　　 명보현원만지 　차유불흥
이며 次有佛興하시니 名普賢圓滿智며 次有佛興하시니

명신통지광왕
名神通智光王이며

"다음에 부처님이 나셨으니 이름은 법광명자비월法光明慈悲月이며, 다음에 부처님이 나셨으니 이름은 공덕염해功德焰海이며, 다음에 부처님이 나셨으니 이름은 지일보광명智日普光明이며, 다음에 부처님이 나셨으니 이름은 보현원만지普賢圓滿智이며, 다음에 부처님이 나셨으니 이름은 신통지광왕神通智光王이었습니다."

차 유 불 홍　　　명 복 덕 화 광 등　　　차 유 불 홍
次有佛興하시니 名福德華光燈이며 次有佛興하시니

명 지 사 자 당 왕　　　차 유 불 홍　　　명 일 광 보 조 왕
名智獅子幢王이며 次有佛興하시니 名日光普照王

　　차 유 불 홍　　　명 수 미 보 장 엄 상　　　차 유 불 홍
이며 次有佛興하시니 名須彌寶莊嚴相이며 次有佛興

　　명 일 광 보 조
하시니 名日光普照며

"다음에 부처님이 나셨으니 이름은 복덕화광등福德華光燈이며, 다음에 부처님이 나셨으니 이름은 지사자당왕智獅子幢王이며, 다음에 부처님이 나셨으니 이름은 일광보조왕日光普照王이며, 다음에 부처님이 나셨으니 이름은 수미보장엄상須彌寶莊嚴相이며, 다음에 부처님이 나셨으니 이름은 일광보조日光普照였습니다."

차 유 불 홍　　　명 법 왕 공 덕 월　　　차 유 불 홍
次有佛興하시니 名法王功德月이며 次有佛興하시니

명 개 부 연 화 묘 음 운　　　차 유 불 홍　　　명 일 광 명
名開敷蓮華妙音雲이며 次有佛興하시니 名日光明

상　　차유불흥　　　명보광명묘법음　　차유불
相이며 次有佛興하시니 名普光明妙法音이며 次有佛

흥　　　명사자금강나라연무외
興하시니 名獅子金剛那羅延無畏며

"다음에 부처님이 나셨으니 이름은 법왕공덕월法王功
德月이며, 다음에 부처님이 나셨으니 이름은 개부연화묘
음운開敷蓮華妙音雲이며, 다음에 부처님이 나셨으니 이름은
일광명상日光明相이며, 다음에 부처님이 나셨으니 이름은
보광명묘법음普光明妙法音이며, 다음에 부처님이 나셨으니
이름은 사자금강나라연무외獅子金剛那羅延無畏였습니다."

　　차유불흥　　　명보지용맹당　　　차유불흥
　次有佛興하시니 名普智勇猛幢이며 次有佛興하시니

명보개법연화신　　　차유불흥　　　명공덕묘화
名普開法蓮華身이며 次有佛興하시니 名功德妙華

해　차유불흥　　　명도량공덕월　　　차유불흥
海며 次有佛興하시니 名道場功德月이며 次有佛興

　　명법거치연월
하시니 名法炬熾然月이며

"다음에 부처님이 나셨으니 이름은 보지용맹당普智勇猛幢이며, 다음에 부처님이 나셨으니 이름은 보개법연화신普開法蓮華身이며, 다음에 부처님이 나셨으니 이름은 공덕묘화해功德妙華海이며, 다음에 부처님이 나셨으니 이름은 도량공덕월道場功德月이며, 다음에 부처님이 나셨으니 이름은 법거치연월法炬熾然月이었습니다."

차 유 불 흥　　　명 보 광 명 계　　　차 유 불 흥　　　　명
次有佛興하시니　名普光明髻며　次有佛興하시니　名

법 당 등　　　차 유 불 흥　　　명 금 강 해 당 운　　　차 유
法幢燈이며　次有佛興하시니　名金剛海幢雲이며　次有

불 흥　　　명 명 칭 산 공 덕 운　　　차 유 불 흥　　　　명
佛興하시니　名名稱山功德雲이며　次有佛興하시니　名

전 단 묘 월
栴檀妙月이며

　　"다음에 부처님이 나셨으니 이름은 보광명계普光明髻이며, 다음에 부처님이 나셨으니 이름은 법당등法幢燈이며, 다음에 부처님이 나셨으니 이름은 금강해당운金剛海幢雲이며, 다음에 부처님이 나셨으니 이름은 명칭산공덕운

名稱山功德雲이며, 다음에 부처님이 나셨으니 이름은 전단
묘월栴檀妙月이었습니다."

차 유 불 흥　　　 명 보 묘 광 명 화　 차 유 불 흥
次有佛興하시니 名普妙光明華며 次有佛興하시니

명 조 일 체 중 생 광 명 왕　　 차 유 불 흥　　 명 공 덕
名照一切衆生光明王이며 次有佛興하시니 名功德

연 화 장　 차 유 불 흥　　　 명 향 염 광 명 왕　　 차 유
蓮華藏이며 次有佛興하시니 名香焰光明王이며 次有

불 흥　　　 명 파 두 마 화 인
佛興하시니 名波頭摩華因이며

"다음에 부처님이 나셨으니 이름은 보묘광명화普妙光
明華이며, 다음에 부처님이 나셨으니 이름은 조일체중생
광명왕照一切衆生光明王이며, 다음에 부처님이 나셨으니 이
름은 공덕연화장功德蓮華藏이며, 다음에 부처님이 나셨으
니 이름은 향염광명왕香焰光明王이며, 다음에 부처님이 나
셨으니 이름은 파두마화인波頭摩華因이었습니다."

次有佛興하시니 名衆相山普光明이며 次有佛興

하시니 名普名稱幢이며 次有佛興하시니 名須彌普門

光이며 次有佛興하시니 名功德法城光이며 次有佛興

하시니 名大樹山光明이며

"다음에 부처님이 나셨으니 이름은 중상산보광명衆相山普光明이며, 다음에 부처님이 나셨으니 이름은 보명칭당普名稱幢이며, 다음에 부처님이 나셨으니 이름은 수미보문광須彌普門光이며, 다음에 부처님이 나셨으니 이름은 공덕법성광功德法城光이며, 다음에 부처님이 나셨으니 이름은 대수산광명大樹山光明이었습니다."

次有佛興하시니 名普德光明幢이며 次有佛興하시니

名功德吉祥相이며 次有佛興하시니 名勇猛法力幢

이며 **次有佛興**하시니 **名法輪光明音**이며 **次有佛興**

하시니 **名功德山智慧光**이며

"다음에 부처님이 나셨으니 이름은 보덕광명당普德光
明幢이며, 다음에 부처님이 나셨으니 이름은 공덕길상상
功德吉祥相이며, 다음에 부처님이 나셨으니 이름은 용맹법
력당勇猛法力幢이며, 다음에 부처님이 나셨으니 이름은 법
륜광명음法輪光明音이며, 다음에 부처님이 나셨으니 이름
은 공덕산지혜광功德山智慧光이었습니다."

次有佛興하시니 **名無上妙法月**이며 **次有佛興**하시니

名法蓮華淨光幢이며 **次有佛興**하시니 **名寶蓮華光**

明藏이며 **次有佛興**하시니 **名光焰雲山燈**이며 **次有佛**

興하시니 **名普覺華**며

"다음에 부처님이 나셨으니 이름은 무상묘법월無上妙法月이며, 다음에 부처님이 나셨으니 이름은 법련화정광당法蓮華淨光幢이며, 다음에 부처님이 나셨으니 이름은 보연화광명장寶蓮華光明藏이며, 다음에 부처님이 나셨으니 이름은 광염운산등光焰雲山燈이며, 다음에 부처님이 나셨으니 이름은 보각화普覺華였습니다."

차유불흥　　　명종종공덕염수미장　　　차유
次有佛興하시니　名種種功德焰須彌藏이며　次有

불흥　　　명원만광산왕　　　차유불흥　　　명복
佛興하시니　名圓滿光山王이며　次有佛興하시니　名福

덕운장엄　　　차유불흥　　　명법산운당　　　차유
德雲莊嚴이며　次有佛興하시니　名法山雲幢이며　次有

불흥　　　명공덕산광명
佛興하시니　名功德山光明이며

"다음에 부처님이 나셨으니 이름은 종종공덕염수미장種種功德焰須彌藏이며, 다음에 부처님이 나셨으니 이름은 원만광산왕圓滿光山王이며, 다음에 부처님이 나셨으니 이름은 복덕운장엄福德雲莊嚴이며, 다음에 부처님이 나셨으니 이름은 법산운당法山雲幢이며, 다음에 부처님이 나셨으니 이름은 공덕산광명功德山光明이었습니다."

　　　차 유 불 흥　　　　명 법 일 운 등 왕　　　차 유 불 흥
　　　次有佛興하시니　名法日雲燈王이며　次有佛興하시니

명 법 운 명 칭 왕　　　차 유 불 흥　　　명 법 륜 운　　　차
名法雲名稱王이며　次有佛興하시니　名法輪雲이며　次

유 불 흥　　　명 개 오 보 리 지 광 당　　　차 유 불 흥
有佛興하시니　名開悟菩提智光幢이며　次有佛興하시니

명 보 조 법 륜 월
名普照法輪月이며

　　"다음에 부처님이 나셨으니 이름은 법일운등왕法日雲
燈王이며, 다음에 부처님이 나셨으니 이름은 법운명칭왕
法雲名稱王이며, 다음에 부처님이 나셨으니 이름은 법륜운
法輪雲이며, 다음에 부처님이 나셨으니 이름은 개오보리
지광당開悟菩提智光幢이며, 다음에 부처님이 나셨으니 이름
은 보조법륜월普照法輪月이었습니다."

차유불흥　　　　명보산위덕현　　　차유불흥
次有佛興하시니 名寶山威德賢이며 次有佛興하시니

명현덕광대광　　　차유불흥　　　명보지운　　　차
名賢德廣大光이며 次有佛興하시니 名普智雲이며 次

유불흥　　　명법력공덕산　　　차유불흥　　　명
有佛興하시니 名法力功德山이며 次有佛興하시니 名

공덕향염왕
功德香焰王이며

"다음에 부처님이 나셨으니 이름은 보산위덕현寶山威德賢이며, 다음에 부처님이 나셨으니 이름은 현덕광대광賢德廣大光이며, 다음에 부처님이 나셨으니 이름은 보지운普智雲이며, 다음에 부처님이 나셨으니 이름은 법력공덕산法力功德山이며, 다음에 부처님이 나셨으니 이름은 공덕향염왕功德香焰王이었습니다."

차유불흥　　　명금색마니산묘음성　　　차유
次有佛興하시니 名金色摩尼山妙音聲이며 次有

불흥　　　명정계출일체법광명운　　　차유불흥
佛興하시니 名頂髻出一切法光明雲이며 次有佛興

명법륜치성광   차유불흥   명무상공
하시니 名法輪熾盛光이며 次有佛興하시니 名無上功

덕산   차유불흥   명정진거광명운
德山이며 次有佛興하시니 名精進炬光明雲이며

"다음에 부처님이 나셨으니 이름은 금색마니산묘음
성金色摩尼山妙音聲이며, 다음에 부처님이 나셨으니 이름은
정계출일체법광명운頂髻出一切法光明雲이며, 다음에 부처님
이 나셨으니 이름은 법륜치성광法輪熾盛光이며, 다음에 부
처님이 나셨으니 이름은 무상공덕산無上功德山이며, 다음
에 부처님이 나셨으니 이름은 정진거광명운精進炬光明雲이
었습니다."

차유불흥   명삼매인광대광명관   차유
次有佛興하시니 名三昧印廣大光明冠이며 次有

불흥   명보광명공덕왕   차유불흥   명
佛興하시니 名寶光明功德王이며 次有佛興하시니 名

법거보개음   차유불흥   명보조허공계무
法炬寶蓋音이며 次有佛興하시니 名普照虛空界無

외 법 광 명　　차 유 불 흥　　　명 월 상 장 엄 당
畏法光明이며 次有佛興하시니 名月相莊嚴幢이며

　　"다음에 부처님이 나셨으니 이름은 삼매인광대광명
관三昧印廣大光明冠이며, 다음에 부처님이 나셨으니 이름은
보광명공덕왕寶光明功德王이며, 다음에 부처님이 나셨으니
이름은 법거보개음法炬寶蓋音이며, 다음에 부처님이 나셨
으니 이름은 보조허공계무외법광명普照虛空界無畏法光明이
며, 다음에 부처님이 나셨으니 이름은 월상장엄당月相莊
嚴幢이었습니다."

　　　차 유 불 흥　　　명 광 명 염 산 운　　　차 유 불 흥
　　次有佛興하시니 名光明焰山雲이며 次有佛興하시니

명 조 무 장 애 법 허 공　　　차 유 불 흥　　　명 개 현 지
名照無障礙法虛空이며 次有佛興하시니 名開顯智

광 신　　차 유 불 흥　　　명 세 주 덕 광 명 음　　　차 유
光身이며 次有佛興하시니 名世主德光明音이며 次有

불 흥　　　명 일 체 법 삼 매 광 명 음
佛興하시니 名一切法三昧光明音이며

　　"다음에 부처님이 나셨으니 이름은 광명염산운光明焰

山雲이며, 다음에 부처님이 나셨으니 이름은 조무장애법허공照無障礙法虛空이며, 다음에 부처님이 나셨으니 이름은 개현지광신開顯智光身이며, 다음에 부처님이 나셨으니 이름은 세주덕광명음世住德光明音이며, 다음에 부처님이 나셨으니 이름은 일체법삼매광명음一切法三昧光明音이었습니다."

차 유 불 흥　　　　명 법 음 공 덕 장　　차 유 불 흥
次有佛興하시니　**名法音功德藏**이며　**次有佛興**하시니

명 치 연 염 법 해 운　　차 유 불 흥　　　명 보 조 삼 세
名熾然焰法海雲이며　**次有佛興**하시니　**名普照三世**

상 대 광 명　　차 유 불 흥　　　명 보 조 법 륜 산　　차
相大光明이며　**次有佛興**하시니　**名普照法輪山**이며　**次**

유 불 흥　　　명 법 계 사 자 광
有佛興하시니　**名法界獅子光**이며

"다음에 부처님이 나셨으니 이름은 법음공덕장法音功德藏이며, 다음에 부처님이 나셨으니 이름은 치연염법해운熾然焰法海雲이며, 다음에 부처님이 나셨으니 이름은 보조삼세상대광명普照三世相大光明이며, 다음에 부처님이 나셨으니 이름은 보조법륜산普照法輪山이며, 다음에 부처님

이 나셨으니 이름은 법계사자광法界獅子光이었습니다."

차 유 불 홍　　　명 수 미 화 광 명　　차 유 불 홍
次有佛興하시니　名須彌華光明이며　次有佛興하시니

명 일 체 삼 매 해 사 자 염　　　차 유 불 홍　　　명 보 지
名一切三昧海獅子焰이며　次有佛興하시니　名普智

광 명 등
光明燈이니라

"다음에 부처님이 나셨으니 이름은 수미화광명須彌華光明이며, 다음에 부처님이 나셨으니 이름은 일체삼매해사자염一切三昧海獅子焰이며, 다음에 부처님이 나셨으니 이름은 보지광명등普智光明燈이었습니다."

최초 부처님인 법해뇌음광명왕法海雷音光明王과 최후 부처님인 법계성지혜등法界城智慧燈 부처님을 합하면 일백 부처님이 된다. 부처님의 이름을 많다고 해서 소홀히 넘기지 말고 그 이름에 담겨 있는 뜻을 깊이 사유하고 해석하는 일도 훌륭한 수행이라고 알아야 할 것이다.

4〉 간략함을 맺고 넓은 것을 나타내다

선남자 여시등수미산미진수여래 기최후
善男子야 如是等須彌山微塵數如來에 其最後

불 명법계성지혜등 병어이구광명겁중
佛이 名法界城智慧燈이시니 並於離垢光明劫中에

출흥어세 아개존중친근공양 청문수지
出興於世어시든 我皆尊重親近供養하야 聽聞受持

소설묘법
所說妙法하며

"선남자여, 이와 같은 등 수미산 미진수 여래 중에
그 최후 부처님은 이름이 법계성지혜등法界城智慧燈이니
모두 때 여읜 광명겁 동안에 세상에 나셨는데, 제가 다
존중하고 친근하여 공양하였고 말씀하신 묘한 법을 듣
고 받아 지니었습니다."

역어피일체제여래소 출가학도 호지법
亦於彼一切諸如來所에 出家學道하야 護持法

교 입차보살심심자재묘음해탈 종종방
教하야 入此菩薩甚深自在妙音解脫하야 種種方

便_{으로} 教化成熟無量衆生하니라

> 편　　교화성숙무량중생

"또 그 일체 모든 여래에게 출가하여 도를 배웠고 교법을 수호하였으며, 보살의 매우 깊고 자유자재한 묘한 음성의 해탈에 들어가서 가지가지 방편으로 한량없는 중생들을 교화하여 성숙하게 하였습니다."

　최후 부처님을 말하는 것은 간략한 것이고, 그 모든 일백 여래에게 일일이 "출가하여 도를 배웠고 교법을 수호하였으며, 보살의 매우 깊고 자유자재한 묘한 음성의 해탈에 들어가 가지가지 방편으로 한량없는 중생들을 교화하여 성숙하게 하였다."는 것은 넓은 것을 나타낸 것이다.

　수호일체성주야신 선지식은 이와 같이 많고 많은 부처님이 출현하신 것을 다 받들어 섬기고 출가하여 도를 배웠고 교법을 수호하였다.

(5) 다겁수행多劫修行을 밝히다

종시이래　어불찰미진수겁　소유제불　출
從是已來로 **於佛刹微塵數劫**에 **所有諸佛**이 **出**

흥어세　아개공양　수행기법　선남자
興於世어시든 **我皆供養**하고 **修行其法**호라 **善男子**야

아종시래　어생사야무명혼매제중생중　이
我從是來로 **於生死夜無明昏寐諸衆生中**에 **而**

독각오　영제중생　수호심성　사삼계성
獨覺悟하야 **令諸衆生**으로 **守護心城**하야 **捨三界城**

주일체지무상법성
하고 **住一切智無上法城**케호라

"그 후부터 세계의 미진수 겁 동안에 부처님들이 세
상에 출현하시는 이들을 제가 다 공양하고 그 법을 수
행하였습니다. 선남자여, 저는 그때부터 나고 죽는 밤
중의 어두운 무명 속에 있는 모든 중생들 중에 홀로 깨
어서 모든 중생들로 하여금 마음의 성[心城]을 수호하고
세 세계의 성을 버리게 하며, 일체 지혜의 위없는 법의
성城에 머물게 하였습니다."

이 선지식의 이름은 '일체 성을 수호하는 밤 맡은 신[守護

一切城主夜神'이다. 그러므로 선지식 이름의 진정한 뜻이 무엇이며, 무슨 일을 하는가에 대해서 스스로 잘 밝힌 내용이다. 밤 맡은 신이라고 해서 야경을 도는 소임자처럼 한밤에 거리를 돌면서 도둑을 지키고 불이 일어나는 것을 살피는 신이 아니다. 그런 일은 굳이 이와 같은 선지식이 아니라도 누구나 할 수 있는 일이다.

3) 자기는 겸손하고 다른 이의 수승함을 추천하다

善男子야 我唯知此甚深自在妙音解脫하야 令
諸世間으로 離戲論語하며 不作二語하며 常眞實語
하며 恒淸淨語어니와

"선남자여, 저는 다만 이 매우 깊고 자유자재한 묘한 음성의 해탈을 알고 모든 세간 사람들로 하여금 부질없는 말을 여의고 두 가지 말을 하지 않으며, 진실한 말과 청정한 말을 하게 할 뿐입니다."

여 제 보 살 마 하 살   능 지 일 체 어 언 자 성   어
如諸菩薩摩訶薩은 能知一切語言自性하야 於

염 념 중   자 재 개 오 일 체 중 생   입 일 체 중 생 언
念念中에 自在開悟一切衆生하며 入一切衆生言

음 해   어 일 체 언 사   실 개 변 료
音海하야 於一切言辭에 悉皆辯了하며

"모든 보살마하살은 능히 모든 말의 성품을 알아 생
각 생각마다 모든 중생을 자유롭게 깨닫게 하며, 여러
중생의 음성 바다에 들어가서 온갖 말을 다 분명하게
이야기하며,

명 견 일 체 제 법 문 해   어 보 섭 일 체 법 다 라 니
明見一切諸法門海하야 於普攝一切法陀羅尼에

이 득 자 재   수 제 중 생 심 지 소 의   이 위 설 법
已得自在하며 隨諸衆生心之所疑하야 而爲說法하야

구 경 조 복 일 체 중 생　　능 보 섭 수 일 체 중 생
究竟調伏一切衆生하고 **能普攝受一切衆生**하며

　일체 모든 법문 바다를 분명히 보며, 온갖 법을 모두
포섭한 다라니에 이미 자재하여졌으며, 모든 중생의 의
심을 따라서 법을 설하여 모든 중생을 끝까지 조복하
며, 능히 일체 중생을 널리 거두어 주며,

　　　교 수 보 살 제 무 상 업　　심 입 보 살 제 미 세 지
　巧修菩薩諸無上業하고 **深入菩薩諸微細智**하며

능 선 관 찰 제 보 살 장　　능 자 재 설 제 보 살 법
能善觀察諸菩薩藏하고 **能自在說諸菩薩法**하나니

하 이 고　　이 득 성 취 일 체 법 륜 다 라 니 고　　이 아 운
何以故오 **已得成就一切法輪陀羅尼故**니 **而我云**

하 능 지 능 설 피 공 덕 행
何能知能說彼功德行이리오

　보살의 모든 위없는 업業을 교묘하게 닦으며, 보살의
모든 미세한 지혜에 깊이 들어가서 능히 모든 보살들
의 법장法藏을 잘 관찰하며, 능히 모든 보살의 법을 자
유롭게 설합니다. 무슨 까닭인가 하면 이미 모든 법륜

의 다라니를 성취한 연고입니다. 그러나 제가 어떻게 그 공덕의 행을 능히 알며 능히 말할 수 있겠습니까.”

4) 다음 선지식 찾기를 권유하다

善男子야 此佛會中에 有主夜神하니 名開敷一
切樹華니 汝詣彼問호대 菩薩이 云何學一切智며
云何安立一切衆生하야 住一切智리잇고하라

“선남자여, 이 부처님 회중에 주야신이 있으니 이름이 개부일체수화開敷一切樹華입니다. 그대는 그에게 가서 '보살이 어떻게 일체 지혜를 배우며, 어떻게 일체 중생을 편안히 있게 하여 일체 지혜에 머물게 합니까.'라고 물으십시오.”

5) 수호일체성주야신이 게송으로 거듭 밝히다

이시 수호일체성주야신 욕중선차해탈의
爾時에 **守護一切城主夜神**이 **欲重宣此解脫義**

위선재동자 이설송언
하사 **爲善財童子**하야 **而說頌言**

그때에 수호일체성주야신이 이 해탈의 뜻을 다시 밝히려고 선재동자에게 게송을 설하였습니다.

대개는 자기는 겸손하고 다른 이의 수승함을 추천하고 나서 다음 선지식 찾기를 권유하면 그 선지식을 무수히 돌고는 그 자리에서 물러가는 것이 관례였는데 이 주야신 선지식은 자신이 얻은 법을 게송으로 거듭 밝혔다.

보살해탈심난견 허공여여평등상
菩薩解脫深難見이라 **虛空如如平等相**이니

보견무변법계내 일체삼세제여래
普見無邊法界內에 **一切三世諸如來**하고

보살의 해탈은 깊어서 보기 어려워

허공처럼 여여하여 평등한 모양이니

그지없는 법계 안에 계시는

세 세상의 일체 모든 여래를 두루 봅니다.

출생 무량 승 공덕　　　　증 입 난 사 진 법 성
出生無量勝功德하며　　　證入難思眞法性하며

증 장 일 체 자 재 지　　　개 통 삼 세 해 탈 도
增長一切自在智하며　　　開通三世解脫道로다

한량없이 훌륭한 공덕을 내며

부사의한 참법의 성품에 들어

온갖 것에 자재한 지혜 기르고

세 세상 해탈도를 열어 통합니다.

과 어 찰 전 미 진 겁　　　이 시 유 겁 명 정 광
過於刹轉微塵劫하야　　　爾時有劫名淨光이요

세 계 명 위 법 염 운　　　기 성 호 왈 보 화 광
世界名爲法焰雲이요　　　其城號曰寶華光이라

세계의 티끌처럼 많은 겁劫 전에

그때에 정광淨光이란 겁이 있었고

그 세계의 이름은 법염운法焰雲이요

그 성의 이름은 보화광寶華光이었습니다.

기 중 제 불 흥 어 세
其中諸佛興於世하시니

양 여 수 미 진 수 등
量與須彌塵數等이라

유 불 명 위 법 해 음
有佛名爲法海音이니

어 차 겁 중 선 출 현
於此劫中先出現하시며

그 세상에 나시었던 많은 부처님

그 양은 수미산 티끌 수와 같은데

법해음法海音이라는 부처님께서

이 겁에 가장 먼저 출현하였습니다.

내 지 기 중 최 후 불
乃至其中最後佛이

명 위 법 계 염 등 왕
名爲法界焰燈王이니

여 시 일 체 제 여 래
如是一切諸如來에

아 개 공 양 청 수 법
我皆供養聽受法호라

그 가운데서 최후의 부처님은

이름이 법계염등왕法界焰燈王이라

이와 같이 나시었던 일체 모든 여래를

제가 모두 공양하고 법을 들었습니다.

아 견 법 해 뇌 음 불
我見法海雷音佛의

기 신 보 작 진 금 색
其身普作眞金色하며

제 상 장 엄 여 보 산
諸相莊嚴如寶山하고

발 심 원 득 성 여 래
發心願得成如來호라

법해뇌음法海雷音 부처님을 제가 뵈오니

그의 몸은 모두 다 진금빛이요

여러 모양 장엄하심 보배 산 같아

여래를 이루려고 발심發心하였습니다.

아 잠 견 피 여 래 신
我暫見彼如來身하고

즉 발 보 리 광 대 심
卽發菩提廣大心하야

서 원 근 구 일 체 지
誓願勤求一切智호니

성 여 법 계 허 공 등
性與法界虛空等이로다

저 여래의 몸매를 잠깐 뵈옵고

광대한 보리심을 즉시 냈으며

서원誓願하고 일체 지혜 구하려 하니

그 성품이 법계의 허공과 같았습니다.

유사보견삼세불   급이일체보살중
由斯普見三世佛과   及以一切菩薩衆하며

역견국토중생해   이보반연기대비
亦見國土衆生海하고   而普攀緣起大悲호라

이리하여 세 세상 부처님들과

모든 보살 대중을 두루 뵈오며

국토와 중생 바다 다 보고 나서

널리 두루 반연하여 대비심을 내었습니다.

수제중생심소락   시현종종무량신
隨諸衆生心所樂하야   示現種種無量身하야

보변시방제국토   동지서광오함식
普徧十方諸國土하야   動地舒光悟含識호라

중생들의 좋아하는 마음을 따라
한량없는 가지가지 몸을 나타내어서
시방의 모든 국토 두루 가득히
땅 흔들고 빛을 펴서 중생들을 깨닫게 합니다.

견 제 이 불 이 친 근
見第二佛而親近하며

역 견 시 방 찰 해 불
亦見十方刹海佛과

내 지 최 후 불 출 흥
乃至最後佛出興호니

여 시 수 미 진 수 등
如是須彌塵數等이로다

둘째 나신 부처님 가까이 친견하고
시방세계 부처님도 다 친견하며
최후의 부처님이 나시기까지
이와 같이 수미산 티끌 수와 같았습니다.

어 제 찰 전 미 진 겁
於諸刹轉微塵劫에

소 유 여 래 조 세 등
所有如來照世燈을

아 개 친 근 이 첨 봉
我皆親近而瞻奉하야

영 차 해 탈 득 청 정
令此解脫得淸淨호라

모든 세계 티끌 수 갑절 겁 동안
출현하신 세상 등불 여러 부처님
제가 다 친근하고 받들어 섬겨
이 해탈을 청정하게 얻었습니다.

수호일체성주야신 선지식은 말할 수 없이 말할 수 없는
수많은 생을 거듭하면서 말할 수 없이 말할 수 없는 수많은
부처님을 받들어 섬기며 공경 공양하고 존중 찬탄하면서 법
문을 듣고 수행하여 해탈을 얻은 것이 자신의 법이라고 거듭
밝혔다.

그 많은 부처님이란 무엇을 의미하는가. 모든 사람과 모
든 생명을 다 똑같은 부처님이라고 믿고 알고 깨달아서 실
천하였다는 뜻이다. 화엄경의 가르침이 무슨 뜻인지를 알지
못한다면 아무리 어려워도 쉽게 푸는 열쇠가 있다. 그것은
'마음과 부처님과 중생, 이 셋은 차별이 없이 같은 것[心佛及衆
生 是三無差別]'이라는 원칙의 열쇠이다. 이 열쇠 하나면 풀지 못
할 경문이 없고 알지 못할 가르침이 없다.

6) 선재동자가 법을 얻은 것을 찬탄하다

이 시　　선 재 동 자　　득 입 차 보 살 심 심 자 재 묘
爾時에 **善財童子**가 **得入此菩薩甚深自在妙**

음 해 탈 고　　입 무 변 삼 매 해　　입 광 대 총 지 해
音解脫故로 **入無邊三昧海**하며 **入廣大總持海**하며

득 보 살 대 신 통　　획 보 살 대 변 재　　심 대 환 희
得菩薩大神通하며 **獲菩薩大辯才**하야 **心大歡喜**하야

관 찰 수 호 일 체 성 주 야 신　　이 게 찬 왈
觀察守護一切城主夜神하고 **以偈讚曰**

그때에 선재동자는 보살의 매우 깊고 자유자재한 묘
한 음성의 해탈에 들어갔으므로 그지없는 삼매 바다에
들어가고 크고 넓은 다라니 바다에 들어가서, 보살의
큰 신통과 보살의 큰 변재를 얻고는 마음이 매우 환희
하여 수호일체성주야신을 관찰하고 게송으로 찬탄하였
습니다.

수호일체성주야신 선지식이 자신이 얻은 법을 길게 설하
고 게송으로 거듭 밝히는 것을 들은 선재동자는 스스로 자
신이 본 것과 얻은 법에 대해서 게송으로 찬탄하여 밝혔다.

이 행 광 대 묘 혜 해
已行廣大妙慧海하며

이 도 무 변 제 유 해
已度無邊諸有海하사

장 수 무 환 지 장 신
長壽無患智藏身과

위 덕 광 명 주 차 중
威德光明住此衆이로다

광대하고 미묘한 지혜 바다 이미 행하고

그지없는 업의 바다 이미 건너서

장수하고 근심 없는 지혜의 몸이

위덕과 광명으로 이 대중에 계십니다.

요 달 법 성 여 허 공
了達法性如虛空하사

보 입 삼 세 개 무 애
普入三世皆無礙하야

염 념 반 연 일 체 경
念念攀緣一切境호대

심 심 영 단 제 분 별
心心永斷諸分別이로다

법의 성품 허공같이 통달하시고

세 세상 들어가되 걸림이 없어

생각마다 모든 경계 반연하여도

마음마다 모든 분별 아주 끊었습니다.

요 달 중 생 무 유 성
了達衆生無有性호대

이 어 중 생 기 대 비
而於衆生起大悲하며

심 입 여 래 해 탈 문
深入如來解脫門하사

광 도 군 미 무 량 중
廣度群迷無量衆이로다

중생들의 성품 없음 통달하고도

중생에게 대비심을 일으키시며

여래의 해탈문에 깊이 들어가

한량없는 중생들을 널리 제도하십니다.

관 찰 사 유 일 체 법
觀察思惟一切法하며

요 지 증 입 제 법 성
了知證入諸法性하사

여 시 수 행 불 지 혜
如是修行佛智慧하야

보 화 중 생 영 해 탈
普化衆生令解脫이로다

온갖 법을 관찰하여 생각해 알고

모든 법의 성품에 증하여 들며

부처님의 지혜를 이렇게 닦아

중생을 교화하여 해탈케 합니다.

천 시 중 생 조 어 사
天是衆生調御師라

개 시 여 래 지 혜 도
開示如來智慧道하사

보 위 법 계 제 함 식
普爲法界諸含識하야

설 이 세 간 중 포 행
說離世間衆怖行이로다

천신은 중생들을 지도하는 스승이시라

여래의 지혜 길을 열어 보이며

온 법계의 모든 중생들을 위해서

세상의 온갖 공포 떠나는 행을 설하셨습니다.

이 주 여 래 제 원 도
已住如來諸願道하며

이 수 보 리 광 대 교
已受菩提廣大敎하며

이 수 일 체 변 행 력
已修一切徧行力하며

이 견 시 방 불 자 재
已見十方佛自在로다

여래의 서원 길에 이미 머물고

보리의 큰 교법을 이미 받았고

온갖 것에 두루 하는 힘을 이미 닦아서

시방에 자재하신 부처님 이미 보았습니다.

천 신 심 정 여 허 공
天神心淨如虛空하야

보 리 일 체 제 번 뇌
普離一切諸煩惱하며

요 지 삼 세 무 량 찰
了知三世無量刹에

제 불 보 살 급 중 생
諸佛菩薩及眾生이로다

천신의 마음 깨끗하기 허공과 같아

일체 모든 번뇌를 두루 여의고

세 세상 한량없는 여러 세계와

부처님과 보살들과 중생들을 모두 압니다.

천 신 일 념 실 요 지
天神一念悉了知

주 야 일 월 연 겁 해
晝夜日月年劫海하며

역 지 일 체 중 생 류
亦知一切眾生類의

종 종 명 상 각 차 별
種種名相各差別이로다

천신은 한 생각에 낮과 밤이며

날과 달과 해와 겁을 모두 아시고

중생들의 여러 종류 이름과 형상

가지가지 차별함을 모두 압니다.

시 방 중 생 생 사 처
十方衆生生死處와

유 색 무 색 상 무 상
有色無色想無想을

수 순 세 속 실 요 지
隨順世俗悉了知하사

인 도 사 입 보 리 로
引導使入菩提路로다

시방세계 중생의 죽고 나는 곳

형상세계 무형세계 유상有想과 무상無想

이런 길을 세속 따라 모두 다 알고

인도하여 보리에 들게 합니다.

이 생 여 래 서 원 가
已生如來誓願家하며

이 입 제 불 공 덕 해
已入諸佛功德海하사

법 신 청 정 심 무 애
法身淸淨心無礙하야

수 중 생 락 현 중 색
隨衆生樂現衆色이로다

여래의 서원 집에 이미 나시고

부처님 공덕 바다 이미 들어가

법신은 청정하고 마음은 걸림 없어

중생 따라 여러 몸을 나타냅니다.

時에 善財童子가 說此頌已하고 禮夜神足하며 繞
無量帀하며 殷勤瞻仰하고 辭退而去하니라

그때에 선재동자는 이 게송을 설하고 나서 주야신의 발에 예배하고 수없이 돌고 은근하게 앙모하면서 하직하고 물러갔습니다.

입법계품 12 끝

〈제71권 끝〉

華嚴經 構成表

分次	周次			內容	品數	會次
舉果勸樂生信分 (信)	所信因果周			如來依正	世主妙嚴品 第一 如來現相品 第二 普賢三昧品 第三 世界成就品 第四 華藏世界品 第五 毘盧遮那品 第六	初會
修因契果生解分 (解)	差別因果周	差別因		十信	如來名號品 第七 四聖諦品 第八 光明覺品 第九 菩薩問明品 第十 淨行品 第十一 賢首品 第十二	二會
				十住	昇須彌山頂品 第十三 須彌頂上偈讚品 第十四 十住品 第十五 梵行品 第十六 初發心功德品 第十七 明法品 第十八	三會
				十行	昇夜摩天宮品 第十九 夜摩天宮偈讚品 第二十 十行品 第二十一 十無盡藏品 第二十二	四會
				十廻向	昇兜率天宮品 第二十三 兜率宮中偈讚品 第二十四 十廻向品 第二十五	五會
				十地	十地品 第二十六	六會
				等覺	十定品 第二十七 十通品 第二十八 十忍品 第二十九 阿僧祇品 第三十 如來壽量品 第三十一 菩薩住處品 第三十二	七會
		差別果		妙覺	佛不思議法品 第三十三 如來十身相海品 第三十四 如來隨好光明功德品 第三十五	
	平等因果周	平等因			普賢行品 第三十六	
		平等果			如來出現品 第三十七	
托法進修成行分 (行)	成行因果周			二千行門	離世間品 第三十八	八會
依人證入成德分 (證)	證入因果周			證果法門	入法界品 第三十九	九會

會場	放光別	會主	入定別	說法別攝
菩提場	遮那放齒光眉間光	普賢菩薩為會主	入毘盧藏身三昧	如來依正法
普光明殿	世尊放兩足輪光	文殊菩薩為會主	此會不入定・信未入位故	十信法
忉利天宮	世尊放兩足指光	法慧菩薩為會主	入無量方便三昧	十住法門
夜摩天宮	如來放兩足趺光	功德林菩薩為會主	入菩薩善思惟三昧	十行法門
兜率天宮	如來放兩膝輪光	金剛幢菩薩為會主	入菩薩智光三昧	十迴向法門
他化天宮	如來放眉間毫相光	金剛藏菩薩為會主	入菩薩大智慧光明三昧	十地法門
重普光明殿	如來放眉間口光	如來為會主	入剎那際三昧	等妙覺法門
三普光明殿	此會佛不放光・表行依解法依解光故	普賢菩薩為會主	入佛華莊嚴三昧	二千行門
逝陀園林	放眉間白毫光	如來善友為會主	入獅子頻申三昧	果法門

如天 無比

1943년 영덕에서 출생하였다. 1958년 출가하여 덕흥사, 불국사, 범어사를 거쳐 1964년 해인사 강원을 졸업하고 동국역경연수원에서 수학하였다. 10여 년 선원생활을 하고 1976년 탄허스님에게 화엄경을 수학하고 전법, 이후 통도사 강주, 범어사 강주, 은해사 승가대학원장, 대한불교조계종 교육원장, 동국역경원장, 동화사 한문불전승가대학원장 등을 역임하였다. 2018년 5월에는 수행력과 지도력을 갖춘 승랍 40년 이상 되는 스님에게 품서되는 대종사 법계를 받았다.

현재 부산 문수선원 문수경전연구회에서 150여 명의 스님과 300여 명의 재가 신도들에게 화엄경을 강의하고 있다. 또한 다음 카페 '염화실 (http://cafe.daum.net/yumhwasil)을 통해 '모든 사람을 부처님으로 받들어 섬김으로써 이 땅에 평화와 행복을 가져오게 한다.'는 인불사상(人佛思想)을 펼치고 있다.

저서로『대방광불화엄경 실마리』,『무비스님의 왕복서 강설』,『무비스님이 풀어 쓴 김시습의 법성게 선해』,『법화경 법문』,『신금강경 강의』,『직지 강설』(전 2권),『법화경 강의』(전 2권),『신심명 강의』,『임제록 강설』,『대승찬 강설』, 『유마경 강설』,『당신은 부처님』,『사람이 부처님이다』,『이것이 간화선이다』,『무비 스님과 함께하는 불교공부』, 『무비 스님의 증도가 강의』,『일곱 번의 작별인사』, 무비 스님이 가려 뽑은 명구 100선 시리즈(전 4권) 등이 있고 편찬하고 번역한 책으로『화엄경(한글)』(전 10권),『화엄경(한문)』(전 4권),『금강경 오가해』등이 있다.

대방광불화엄경 강설 제71권

| 초판 1쇄 발행_ 2017년 10월 26일
| 초판 2쇄 발행_ 2019년 12월 26일

| 지은이_ 여천 무비(如天 無比)
| 펴낸이_ 오세룡
| 편집_ 박성화 손미숙 김정은 이연희
| 기획_ 최은영 곽은영
| 디자인_ 고혜정 김효선 장혜정
| 홍보 마케팅_ 이주하
| 펴낸곳_ 담앤북스
　　　서울특별시 종로구 새문안로3길 23 경희궁의 아침 4단지 805호
　　　대표전화 02)765-1251 전송 02)764-1251 전자우편 damnbooks@hanmail.net
　　　출판등록 제300-2011-115호
| ISBN　979-11-6201-014-3　04220

정가 14,000원